高等职业教育"新形态"精品系列教材·汽车类

汽车钣金与喷漆

（第3版）

主　编　王德良　周　贺
副主编　陈明福　梁　峰　张鹤飞
参　编　范志丹　信建杰

北京理工大学出版社
BEIJING INSTITUTE OF TECHNOLOGY PRESS

内 容 简 介

本书按照实际的工作流程详细讲解了钣金喷漆作业中至关重要的几个工作内容，包括汽车车身的构造、汽车钣金件的拆解、汽车钣金工具的使用、汽车钣金件的测量、汽车钣金件的修复与更换、事故汽车的估损原则、调色理论、汽车喷漆前的处理、底漆的喷涂、中间层的处理、面漆的喷涂、塑料件和铝件的修复及喷涂的工艺流程和技巧、钣金喷涂中常见的问题及解决方案。此外，为了拓展学员的知识层次和加强操作能力特别设定了拓展知识。

本书可作为高等职业院校汽车相关专业的专业课、选修课教材，也可供汽车钣金、涂装行业从业人员上岗培训使用，还可作为相关初中级人员熟悉专业技术、提高业务水平的指导用书。

版权专有　侵权必究

图书在版编目（CIP）数据

汽车钣金与喷漆/王德良，周贺主编．—3版．—北京：北京理工大学出版社，2019.11（2021.11重印）
ISBN 978-7-5682-7893-5

Ⅰ．①汽⋯　Ⅱ．①王⋯②周⋯　Ⅲ．①汽车-钣金工　②汽车-喷漆　Ⅳ．①U472.4

中国版本图书馆CIP数据核字（2019）第248091号

出版发行 /	北京理工大学出版社有限责任公司
社　　址 /	北京市海淀区中关村南大街5号
邮　　编 /	100081
电　　话 /	（010）68914775（总编室）
	（010）82562903（教材售后服务热线）
	（010）68944723（其他图书服务热线）
网　　址 /	http：//www.bitpress.com.cn
经　　销 /	全国各地新华书店
印　　刷 /	河北盛世彩捷印刷有限公司
开　　本 /	787毫米×1092毫米　1/16
印　　张 /	11.5
字　　数 /	264千字
版　　次 /	2019年11月第3版　2021年11月第2次印刷
定　　价 /	48.00元

责任编辑 /	张旭莉
文案编辑 /	张旭莉
责任校对 /	周瑞红
责任印制 /	李志强

图书出现印装质量问题，请拨打售后服务热线，本社负责调换

前 言

随着轿车进入家庭，汽车保有量迅速增加，汽车碰撞损坏也迅猛增多，所以汽车车身修复是现代汽车维修服务的重要维修项目之一。现代汽车车身修复技术要求越来越高，新技术、新工艺、新设备不断改进和更新，要求维修人员知识和技能必须适应新技术的发展，但从我们调研的情况看，目前钣金喷漆从业人员大部分文化水平低，没有经过专业的职业培训，仍然按"以老带新"的模式靠经验维持，很难掌握新技术、新工艺和新设备的发展，严重影响了车身修复的质量。

从社会和企业调研的情况看，汽车车身修复的技能型人才需求较大，质量要求较高，在一定程度上甚至超过对机电维修技工的需求。而目前的教学效果从反馈来看还达不到企业的要求，所以必须建设能够培养学生操作能力的技能培训型教材，建设以真实的工作任务为载体的教、学、做相结合的实训教程，合理设计教学和实训环节，编写出强化学生能力培养的技能培训型教材。

本书是东北师大理想软件股份有限公司通过VR、互联网、多媒体技术形成的，配有动画、视频、三维交互模型等多媒体教学资源，以纸质教材与移动终端互动的，多维立体可视化的现代教学生态系统模式。它是移动资源库，即便身边没有纸质教材，打开立体书城软件，也可以浏览其中的数字化资源。它还是在线题库，每浏览完一个资源，就会跳出一道习题，检测一下你是否学会了。立体教材是教材在教育信息化环境下的一种新形态，是现代信息技术手段、数字教学资源与教学内容有机结合的集合体，是可以通过教学环境、教学手段、教学评价的多样性实现教育信息化的教学应用。

本书根据职业教育特点，遵照教育部高职高专教材的要求，从工作过程系统化课程着手进行编写，通过恰当的工作项目的设定、典型的工作任务的描述，使学员在汽车钣金行业常见的维修工作中培养其专业能力、方法能力和社会能力，结合教学要求，以应用为目的，以能力为本位，体现教学特色。

本书详细讲解了钣金喷漆作业中几个至关重要的工作内容，按照实际的工作流程编写，讲解了汽车车身的构造、汽车钣金件的拆解、汽车钣金工具的使用、汽车钣金件的测量、汽车钣金件的修复与更换、事故汽车的估损原则、调色理论、汽车喷漆前的处理、底漆的喷涂、中间层的处理、面漆的喷涂、塑料件和铝件的修复及喷涂的工艺流程和技巧，钣金喷涂中常见的问题及解决方案。此外，为了拓展学员的知识层次和加强操作能力特别设定了拓展知识。

本书可作为高等职业院校汽车相关专业的专业课、选修课教材，也可供汽车钣金、涂装行业从业人员上岗培训使用，还可作为相关初中级人员熟悉专业技术、提高业务水平的指导用书。

本书的编写分工如下：襄阳职业技术学院王德良、长春职业技术学院周贺共同担任主编并编写前言、项目一、项目五；泉州理工学院汽车系陈明福编写项目三；长春职业技术学院梁峰编写项目二项目实施部分；长春职业技术学院张鹤飞编写项目二基本知识部分；长春职业技术学院范志丹、信建杰编写项目四。东北师大理想软件有限公司相关人员指导了全书的数字化资源建设。

本书在编写过程中参阅了大量文献资料，进行了大量的维修企业调研和学习，在此向对本书的编写给予支持工作的长春职业技术学院汽车分院、长春华阳汽车销售公司、长春金达州汽车销售公司凯绅店表示真诚的感谢。由于编者水平有限，不妥和错误在所难免，恳请各位专家、读者不吝赐教。

"东师理想汽车喷漆VR仿真实训系统"采用虚拟现实技术，其基于高情景化的虚拟仿真钣金喷漆工厂实训场景，沉浸式交互，以达到身临其境的实训学习体验。

1. 模块化任务实训教学模式

系统融入了任务式教学理念，能够诱发、加强和维持学生的成就动机，增强学生完成实训任务的积极性。

2. 安全操作规范

安全操作规程包括操作人员的要求、设备检查等内容，同时配备相应的测试题目加深学生的安全操作意识。

3. 学习过程自动评价

系统会根据学生的操作轨迹对学习过程进行自动评分，减轻教师的工作负担。

4. 五大功能设计

主要功能模块包括安全设计、工具设计、实训设计、记录设计和统计设计。

5. 沉浸感、交互性和漫游功能

强烈的沉浸感和代入感能让学生很快进入角色，并在任务的驱动下出色地完成学习任务。强大的交互性和漫游功能，让学生仿佛身临其境，加深学习印象。

6. 支持个性化设计实训任务

系统不仅提供成型实训任务供教师使用，而且提供多元素材，供教师个性化设计实训任务，满足教师的个性化教学和学生的自主学习。

编　者

立体书城APP使用指南

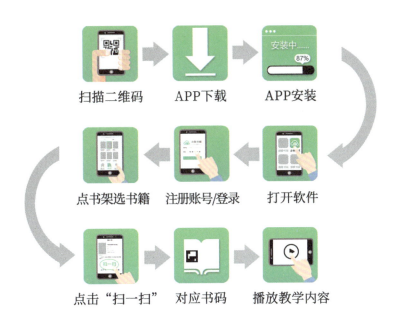

*请使用手机中浏览器应用扫描二维码，下载立体书城APP
（扫码过程中禁止移动）

立体书城客户端
Android下载

立体书城客户端
Ios下载

汽车喷漆 VR 实训室介绍

目 录

项目一 汽车全身拆解 ························ 1

1.1 基本知识 ································ 1
1.1.1 汽车车身的分类 ··················· 1
1.1.2 车身的构造型式 ··················· 4
1.1.3 整体式车身 ························ 7

1.2 项目实施 ································ 9
1.2.1 任务一：前部和后部的拆装 ··········· 9
1.2.2 任务二：车门的拆装 ················ 12
1.2.3 拓展知识：风窗玻璃的拆装 ·········· 16

项目二 事故汽车车身的拆解与估损 ········· 18

2.1 基本知识 ······························ 18
2.1.1 整体式车身的类型及特点 ············ 18
2.1.2 车身钣金件的连接方式 ·············· 30
2.1.3 事故车辆的测量 ···················· 33

2.2 项目实施 ······························ 39
2.2.1 任务一：散热器框架和前翼子板的拆解 ··· 40
2.2.2 任务二：侧部车身的拆解 ············ 40
2.2.3 任务三：后保险杠和行李箱盖的拆解 ··· 42
2.2.4 任务四：事故车的估损 ·············· 42
2.2.5 拓展知识：计算机估损 ·············· 45

项目三 汽车钣金件的修复与更换 ············ 46

3.1 基本知识 ······························ 46
3.1.1 车身钣金件损坏的类型 ·············· 46
3.1.2 钣金件维修工具的使用 ·············· 53
3.1.3 钣金件变形的矫正方法 ·············· 62
3.1.4 焊接工艺技术 ······················ 72

3.2 项目实施 ······························ 109
3.2.1 任务一：前部车身钣金件的修复与更换 ·· 110

  3.2.2　任务二：侧部车身钣金件的修复与更换 …………………………………… 115
  3.2.3　任务三：后部车身钣金件的修复与更换 …………………………………… 116
  3.2.4　拓展知识：车身维修的安全知识 …………………………………………… 121

项目四　汽车漆面修复 ……………………………………………………………………… 127

 4.1　基本知识 ……………………………………………………………………………… 127
  4.1.1　涂料与调色理论 ……………………………………………………………… 127
  4.1.2　漆面修复的工具设备 ………………………………………………………… 136
  4.1.3　漆面修复的程序 ……………………………………………………………… 142
 4.2　项目实施 ……………………………………………………………………………… 149
  4.2.1　任务一：底材旧漆的清除 …………………………………………………… 150
  4.2.2　任务二：底漆的喷涂 ………………………………………………………… 151
  4.2.3　任务三：中间层的处理 ……………………………………………………… 151
  4.2.4　任务四：面漆的喷涂 ………………………………………………………… 154
  4.2.5　拓展知识：全车喷漆 ………………………………………………………… 155

项目五　塑料件的修复与涂装 ……………………………………………………………… 157

 5.1　基本知识 ……………………………………………………………………………… 157
  5.1.1　车用塑料 ……………………………………………………………………… 157
  5.1.2　塑料件的胶粘与焊接 ………………………………………………………… 159
  5.1.3　塑料件的涂装技术 …………………………………………………………… 161
 5.2　项目实施 ……………………………………………………………………………… 163
  5.2.1　任务一：塑料件的整形 ……………………………………………………… 163
  5.2.2　任务二：塑料件的粘接与焊接 ……………………………………………… 164
  5.2.3　任务三：塑料件的涂装 ……………………………………………………… 165
  5.2.4　拓展知识：铝件的修复与涂装 ……………………………………………… 166
  5.2.5　拓展知识：板件轻微损伤的修复 …………………………………………… 169
  5.2.6　拓展知识：车身常见问题处理 ……………………………………………… 172

参考文献 ……………………………………………………………………………………… 176

项目一　汽车全身拆解

项目说明

在进行车身的修理作业前，必须充分了解车身的构造及其相关知识。学员接到一个维修项目，要求检查事故车辆的受损情况并将损坏部件拆解。本项目使学员在初次接触钣金工作时能对汽车车身整体的结构有直观的了解，使学员学会识读车身示意图，认识车身构件，尤其是钣金构件，掌握常见工具拆解车身部件的方法，能够具备拆解和安装前杠、后杠及车门的能力。

1.1　基本知识

碰撞修理就是将汽车恢复到事故前的状态。因此，车身修理人员必须充分了解汽车是如何设计和制造的，必须准确地识别所有损毁的部件，以及不同部位零部件在车身构造中所起的作用，并对它们的修理或更换做出恰当的选择。

一般地，车辆上人员所乘坐的部分可称作车身的本体，再装上车门、发动机盖、车窗及行李舱盖等即可成为一个完整的车身了。以大货车来说，其驾驶台周围要组成完整的车身，故成为独立的中核，可分为外部构造和内部构造。外部构造包括外板及外饰部分，而内部构造则包括了车身的车架强度部分。

车架式车身结构虽有 60 多年的应用史，但现已被整体式车身取代。整体式车身在设计理念上与车架式车身完全不同，因此，它需要新的装配技术、新的材料和完全不同的碰撞修理方法。整体式车身采用了轻型、高强度合金钢，在修理时的处理、矫正和焊接技术也与车架式车身不同。悬架系统与操纵系统的对准位置和平稳操纵，也要靠整体式车身部件的正确定位来保证，这就需要在修理中保证整个车身的形状与状态。但是现在一些轿车、0.5 t 和 0.75 t 货车、越野车和大多数大型货车上仍然在应用车架式车身。20 世纪 80 年代以后制造的绝大部分小轿车都是无架式车身构造。

1.1.1　汽车车身的分类

一、按用途分类

1. 客车车身

客车车身又可按车身的大小、特点分为以下两种。

（1）轿车车身，有 4 门车身、2 门车身、双座车身、活顶车身、客货两用车身等多种。根据顶盖的结构又有移动式顶盖、折叠式顶盖和可拆式顶盖等。

（2）大客车车身，如城市公共汽车车身、长途客车车身、旅游客车车身等。

2. 货车车身

通常包括驾驶室和货厢两部分。货厢可以分为传统式货厢、封闭式货厢、自卸式货厢、专用车货厢以及特种车货厢等多种。

二、按车身壳体的结构型式分类

1. 车架式

具有完整的骨架（或构架），车身蒙皮固定在已装配好的骨架上。

2. 半车架式

只有部分骨架（如单独的立柱、拱形梁、加固件等），它们彼此直接相连或者借蒙皮板相连。

3. 整体式

没有骨架，而是利用各种蒙皮板连接时所形成的加强筋来代替骨架。客车及较大型车厢多采用车架式，轿车和货车驾驶室广泛采用整体式。

三、按车身的受力情况分类

1. 非承载式

用弹性元件与车架相连，车身不承受汽车载荷。

2. 半承载式

车身与车架系刚性连接，车身承受汽车的一部分载荷。

3. 承载式

全部载荷均由车身承受，底盘各部件可以直接与车身相连，所以就取消了车架。承载式车身具有更轻的质量、更大的刚度和更低的高度。

四、轿车车身的分类

1. 按汽车尺寸分类

（1）紧凑型轿车，又称为经济型轿车，车身属于最小级别的。它通常采用小型的 4 缸以下发动机，质量较小，燃油经济性很高。

（2）中高级轿车。它通常采用 4 缸、6 缸、8 缸发动机，具有中等的质量和外形尺寸。一般采用整体式车身结构，但是一些老款车仍然采用车架式车身结构。

（3）豪华轿车。它是轿车中尺寸最大的。因为它尺寸比较大，所以质量比较大，通常采用高性能的 V8 发动机。豪华轿车采用整体式车身或车架式车身结构。豪华轿车的燃油经济性差。

2. 按轿车车身结构分类

（1）普通轿车。这种车一般有前座和后座，适合 4 人或 6 人乘坐，并可分为 2 门和 4 门轿车（图 1-1）。

(a)　　　　　　　　　　　　　　(b)

图 1-1　2 门和 4 门轿车

（2）硬顶轿车。这种车有前座和后座，金属顶盖，通常以没有门柱或有 B 立柱为特征。它也可以分为 2 门和 4 门车（图 1-2）。

图 1-2　4 门硬顶轿车

（3）敞篷车。目前敞篷车具有塑料顶篷，它可以升起或落下。像硬顶轿车一样，敞篷车没有门柱，根据需要可以制造成有或者没有后窗。它有 2 门和 4 门型式（图 1-3）。

图 1-3　敞篷轿车

车身结构的分类

（4）掀背轿车。这种汽车分为 3 门和 5 门型式（图 1-4），车尾部有行李舱，行李舱盖向上开启。

（5）旅行车。这种车分为 3 门和 5 门型式（图 1-5），顶部向后延伸至全车长；车后部有宽敞的行李舱，尾门是行李舱的入口。

图 1-4　5 门掀背轿车

图 1-5　旅行车

（6）多功能车（SUV）。这种车通常采用四轮驱动（图 1-6），离地间隙比一般的轿车高，常归到越野车一类，可在雪地和泥泞路面顺利行驶。

图1-6 多功能车（SUV）

（7）厢式车。这种车的厢形车身宽大，增加内部容积或空间（图1-7）。全尺寸厢式车通常采用全周边式车架和前置后驱的型式。微型厢式车体形较小，通常采用整体式车身结构和前置前驱的型式。

（8）轻型卡车。这种车通常称为皮卡车（图1-8），它的驾驶室和车架通常是独立的。大多数轻型卡车均采用前置后驱的型式，有些是四轮驱动。

图1-7 厢式车

图1-8 轻型卡车

1.1.2 车身的构造型式

一、车架式车身概述

图1-9所示为车架式车身典型结构，车身由主车身和车架组成。

车架是一个独立的部件，没有与车身外壳任何主要部件焊接在一起。车架是汽车的基础，车身和主要部件都固定在车架上，因此要求车架有足够的坚固度，在发生碰撞时能保持汽车其他部件的正常位置。

车身通常用螺栓固定在车架上，为了减少乘客室内的噪声和振动，车身与车架之间放置特制橡胶垫块，还安装了减震器，将振动减至最小。

现代汽车的高强度钢车架的纵梁截面通常是U形槽截面或箱形截面，用来加强车架并作为车轮、发动

非承载式车身

图1-9 车架式车身结构

机和悬架系统的支架，碰撞时能吸收大量的能量。车架上不同的托架、支架和孔洞用来安装各种部件，这些构成汽车的底盘。

为了便于汽车转弯，并为汽车提供较好的支撑，车架都做成前部窄、后部宽。

二、车架类型

车架式车身的车架常见的有梯形车架、X形车架和框式车架等3种类型。

1. 梯形车架

梯形车架包含两个纵梁与一些横梁相连接（图1-10）。梯形车架的强度好，在一些货车上仍能看到。在一些小型货车上也还使用如图1-11所示的梯形车架。但由于它的舒适性差，故现在轿车上已不使用。

图1-10　中大型货车用梯形车架　　　　图1-11　小型货车用的梯形车架

2. X形车架（脊梁式车架）

X形车架（图1-12）中间窄，刚性好，能较好地承受扭曲变形。由于这种车架侧面保护性不强，故从20世纪60年代后期起已不再使用。

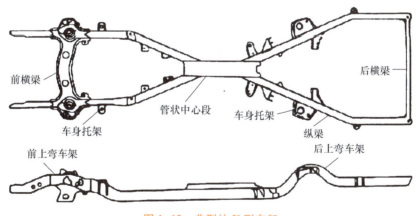

图1-12　典型的X形车架

3. 框式车架

框式车架的纵梁在其最大宽度处支撑着车身，在车身受到侧向冲击的情况下为乘客提供更多的保护。在前车轮后面和后车轮前面的区域分段地形成扭力箱结构（图1-13），在正面碰撞中，分段区域可吸收大部分的能量。在侧向碰撞中，由于中心横梁靠近前面地板边侧构件，使乘坐室受到保护；同时因乘坐室地板低，从而重心降低、空间加大。在后尾碰撞中，由后横梁和上弯车架吸收冲击振动。由于关键区域有横梁加强，故避免了车架过大的扭曲和弯曲。目前所使用的大多数车架都是框式车架。

5

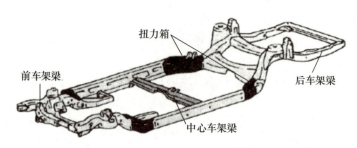

图 1-13　车架上的扭力箱结构

三、车架式的前车身

车架式的前车身由散热器支架、前翼板和前挡泥板组成（图1-14）。由于用螺栓安装，故易于分解。散热器支架由上支架、下支架和左右支架焊接成一个单体。车架式车身的前翼板不同于无架式车身的前翼板，其上边内部和后端是点焊的，不仅增加了翼板的强度和刚性，并且与前挡泥板一起降低了传到乘坐室的振动和噪声，也有利于减小悬架及发动机在侧向冲击时受到的损伤。

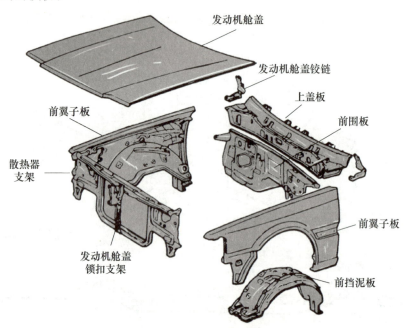

图 1-14　车架式车身的前车身结构

四、车架式的主车身

乘坐室和行李舱焊接在一起构成主车身，它们由围板、地板、顶板等组成（图1-15）。围板由左右前车身立柱、内板、外板和盖板的侧板构成。地板的前面有一传动轴凹槽，纵贯地板中心。横梁与地板前部焊接在一起，并安装到车架上。当乘坐室受到侧向冲击碰撞时，可使乘坐室顶边梁、门和侧面车身得到保护。地板的前后和左右边用压花工艺做成皱折，以增加地板的刚度，减少了振动。

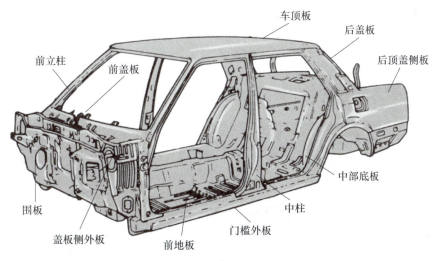

图 1-15 车架式车身的主车身结构

1.1.3 整体式车身

在 20 世纪 80 年代以前，曾短暂地使用过半架式车身。而近几年生产的小型、中型（甚至有些大型）的新型轿车，大部分都采用整体式（无架式）车身构造。图 1-16 所示为整体式车身的典型结构。

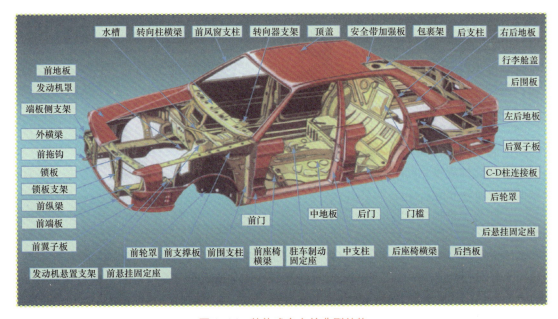

图 1-16 整体式车身的典型结构

没有大梁构造的整体式车身一般是小型车上采用的最多的，各个钣金零件的强度可以利用压造成形为各种断面的形状来获得所需的刚性，因此钣金零件在制造上和压造成形技术上要求特别严格。由于钢板的材质和压造技术的进步，可以设计生产质量小、坚固耐用、设计优良的车身。整体式车身为一强固的整体，能承受较大的荷重及冲击，更减去了大梁部分，这样既减小了车身的质量，又降低了其重心，使其更趋稳定。同时它利用曲面可增大强度。

由图1-17可知，整体式车身没有单独的车架，整个车身与车架合成一体。整个车身是由冲压成不同形状的薄钢板件用电阻点焊连接成一个整体。其特点如下：

图1-17　某款汽车整体式车身结构

（1）整体式车身的主要部件是焊接在一起的，车身易于形成紧密的结构，有助于在碰撞时保护车内乘员。

（2）由于没有独立车架，车身紧挨地面，质心低，行驶稳定性较好。

（3）整体式车身内部的空间更大，汽车可以小型化。

（4）结构紧凑，质量小。

（5）整体式车身刚性较大，有助于向整个车身传递和分散冲击能量，使远离冲击点的一些部位也会有变形。

（6）当碰撞程度相同时，整体式车身的损坏要比车架式车身的损坏更为复杂，修复前要做彻底的损坏分析。

（7）车身一旦损坏变形，则需要采用特殊的（不会导致进一步损坏）程序来恢复原来的形状。

整体式车身的检查中容易忽略远离碰撞点的一些不明显的损坏，但是这些损坏在以后会引起操纵或动力系统的故障。整体式车身前部结构比车架式车身复杂得多，车身前部不仅装有前悬架构件和操纵联动装置，而且装有整个驱动系统：发动机、传动轴、驱动轴和万向接头等部件。车身前部板件承受的载荷更大，要求前部车身的刚性要好。

1.2 项目实施

 项目实施目标

- 掌握汽车车身的结构类型
- 了解前杠和后杠的连接方式
- 掌握前杠和后杠的拆装方法
- 根据需要拆装车门
- 能够使用常见的拆装工具

 项目实施条件

- 宽敞明亮的车间（有通风装置和动力源）
- 通用工具及螺丝刀
- 工具车
- 零件车
- 操作台（带软垫）
- 举升机
- 捷达轿车

 项目实施步骤

- 拆卸前保险杠
- 拆卸前保险杠附件
- 拆卸后保险杠
- 拆掉后保险杠附件
- 拆卸前大灯及尾灯
- 拆卸车门内饰板
- 拆卸车门玻璃
- 拆卸门外拉手

1.2.1 任务一：前部和后部的拆装

一、前部的拆卸

（1）查看分析前保险杠的连接方式，检查灯光等电器的状态及准备应用的工具（图1-18）。

（2）用螺丝刀小心撬松散热器格栅固定卡扣，拆下散热器格栅（图1-19）。

图 1-18　拆卸工具

图 1-19　拆散热器格栅

（3）拆掉翼子板内衬和前保险杠连接螺丝（图1-20）。

（4）拆掉保险杠两侧与翼子板固定螺丝（图1-21）。

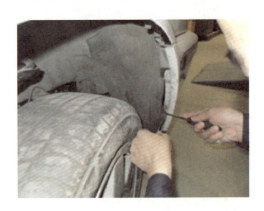

图 1-20　拆翼子板内衬与前保险杠连接螺丝

图 1-21　拆前保险杠两侧与翼子板固定螺丝

（5）拆掉前保险杠支架与纵梁的固定螺丝（图1-22）。

（6）确定拆下全部固定螺丝后，将保险杠由两侧向前试探推出，推出一半左右查看并拆下与车身相连的线路插件等（图1-23）。

图 1-22　拆前保险杠支架与纵梁的固定螺丝

图 1-23　拆线路插件

（7）将拆下的保险杠放到操作台上，分离保险杠外罩及吸能骨架，拆下风网、雾灯、导流板等附件。

（8）拔下大灯电源插头，拆掉前大灯固定螺钉，小心取下大灯（图1-24）。

二、后部的拆卸

后保险杠及尾灯的拆卸与前部相似且稍显简单，在此不加以复述。

三、前部的装配

（1）安装前大灯，螺丝先不要拧紧，关闭前机器盖查看相互间的间隙，调整符合标准后拧紧（图1-25、图1-26）。

图1-24 取下大灯

图1-25 安装大灯

图1-26 安装好的大灯

（2）插上大灯电源插头，打开开关检验。

（3）安装前保险杠附件，附件上的卡扣等要安装到位（图1-27）。

（4）插好前保险杠电器电源插头并打开开关检验。

（5）保险杠支架对准纵梁慢慢推进，同时卡好保险杠两侧的杠卡（图1-28）。

图1-27 安装前保险杠附件

图1-28 安装前保险杠

(6) 安装保险杠两端与翼子板连接处固定螺丝（图1-29）。
　　(7) 安装保险杠支架与纵梁固定螺丝（图1-30）。

图1-29　安装前保险杠与翼子板固定螺丝

图1-30　安装保险杠支架与纵梁固定螺丝

　　(8) 检查和调整各处缝隙，符合标准后拧紧。
　　(9) 安装翼子板内衬与保险杠相连处螺丝并拧紧（图1-31）。

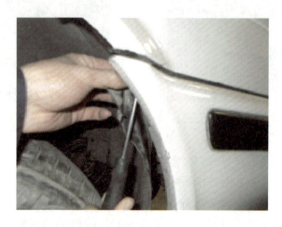

图1-31　安装拧紧翼子板内衬与保险杠相连处螺丝

　　(10) 安装散热器格栅，格栅上的卡扣要对正安装到位。

1.2.2　任务二：车门的拆装

轿车的四车门拆装形式基本相同，现仅对前门的拆装加以叙述。

一、车门的拆卸

　　(1) 拆下车门锁内手柄饰盖。将内手柄饰盖向后推，饰盖卡扣脱开即可（图1-32）。
　　(2) 拆下玻璃升降器开关（摇柄）。撬开摇柄饰盖露出固定螺丝，卸下固定螺丝并取下摇柄。
　　(3) 用螺丝刀小心撬下车门内拉手饰盖，卸下两个固定螺丝，卸下拉手（图1-33）。

图 1-32 拆车门锁内手柄饰盖

图 1-33 拆车门内拉手饰盖

（4）将撬具插入车门壳体和车门内饰板之间，在卡扣处旋转撬具，使卡扣脱开，卡扣全部脱开后内饰板向外取下，拔下开关线束插头（图 1-34）。

（5）拆下密封塑料，撬下内饰板固定条（图 1-35、图 1-36）。

（6）将车门玻璃升降到固定螺丝对准拆卸孔，用扳手卸下固定螺丝，握住玻璃向上倾斜提起取出（图 1-37）。

图 1-34 拆车门内饰板

图 1-35 拆密封塑料

图 1-36 撬内饰板固定条

图 1-37 抬出车门玻璃

（7）小心撬掉后视镜内罩板，断开后视镜控制线路，拆下后视镜固定螺丝，取下后视镜（图1-38）。

（8）用撬具撬松玻璃密封条，取出玻璃密封条（图1-39）。

图1-38　拆后视镜

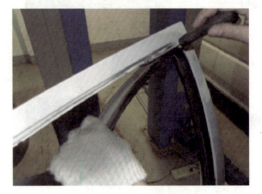

图1-39　取玻璃密封条

（9）在车门侧面卸下门锁外拉手固定螺丝，取下外拉手手柄及垫圈（图1-40）。

（10）拆下车门锁机构固定螺丝，用螺丝刀撬掉门内锁提钮及内手柄拉杆即可取下门锁机构（图1-41）。

图1-40　拆门外拉手手柄

图1-41　拆门锁

（11）拆下车门防擦条，先用铲刀铲断胶粘部分，然后将撬具插入缝隙对准卡扣位置旋转即可拆下防擦条（图1-42）。

图1-42　拆防擦条

二、车门的装配

(1) 安装车门锁机构。先将内手柄拉杆及门内锁提钮拉杆装好卡紧,再装上门锁机构固定螺丝并拧紧,检查锁止、开启情况(图1-43)。

(2) 安装门锁外拉手。先安装好拉手密封垫圈,然后安装外拉手手柄,拧紧固定螺丝,检查开启情况(图1-44)。

图1-43 安装门锁

图1-44 安装门锁外拉手

(3) 安装玻璃密封条。将密封条一角对正玻璃槽一角摁入,然后用橡胶锤逐渐敲击直至安装到位,连接处用卡扣卡紧(图1-45)。

(4) 安装后视镜。拧紧固定螺丝,插牢控制线路后卡好内饰盖(图1-46)。

图1-45 安装玻璃密封条

图1-46 安装后视镜

(5) 安装车门玻璃。双手握住车门玻璃倾斜安入门壳,对准玻璃导槽后摆正,下压对正升降器固定孔,安装螺丝并拧紧,升降玻璃检查运行状况(图1-47)。

(6) 卡上车门内饰板固定条,用胶黏剂粘上维修孔密封塑料。

(7) 将车门内饰板上缘镶入固定条,卡扣对准固定孔用手轻轻拍击内饰板,直至卡扣全部卡严(图1-48)。

图 1-47　安装车门玻璃

图 1-48　安装车门内饰板固定条

（8）安装车门内拉手，拧紧固定螺丝，卡严拉手饰盖（图 1-49）。

（9）安装车门锁内拉手手柄饰盖。将饰盖对正卡槽向前推，与支座对齐即可。

（10）安装玻璃升降器开关或摇柄。摇柄卡入键槽，拧紧固定螺丝，饰盖对正卡好即可（图 1-50）。

（11）安装车门防擦条。将防擦条旧胶处理干净，重新粘贴双面胶，防擦条卡扣对准车门板的卡孔，轻轻拍入并反复按压贴合。注意掌握拆装过程的顺序、连接处不同的连接方式及不同型号的螺丝卡夹，以保证原样装配。

图 1-49　安装车门内拉手

图 1-50　安装玻璃升降器开关

1.2.3　拓展知识：风窗玻璃的拆装

现在轿车出于安全考虑大多数风窗玻璃采用前面夹胶玻璃、后面钢化玻璃的设计，安装也是以胶粘的方式，因此拆卸时采用细的钢丝把胶割断即可。以前挡为例具体步骤如下：

（1）拆下刮水器臂及水盒顶罩板（图 1-51、图 1-52）。

图 1-51 拆刮水器臂

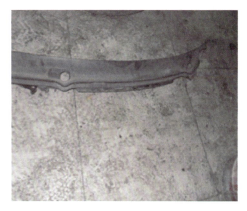

图 1-52 拆水盒顶罩板

(2) 拆掉前挡饰条。

(3) 拆掉前挡周围内饰板（图 1-53）。

(4) 将细钢丝沿玻璃从玻璃胶里穿出。

(5) 沿着玻璃的两侧来回拉动钢丝，割断玻璃胶，拉钢丝时要用力均匀，对周边不能拆掉的表台等要做好防护。

(6) 把拆下的玻璃旧胶处理干净，风挡止口上的旧胶层也要削掉一层，风挡口上的旧胶层接合力较好，尽量多保留些（图 1-54）。

(7) 风挡口和风窗玻璃粘接处喷涂助粘剂。

(8) 使用高弹性的玻璃密封胶，利用玻璃胶枪均匀施涂在风挡口上或玻璃上。

(9) 将风窗玻璃镶嵌到风挡口上，查看四周缝隙是否均匀、定位是否对正，符合后将玻璃压紧、压平，并擦去溢出的胶。

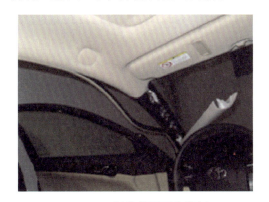

图 1-53 拆前挡周围内饰板

图 1-54 处理旧胶

(10) 玻璃胶表面干燥后用喷水枪做密封试验，合格后将风挡周围饰板、刮水器臂等按原位置装好。

项目二　事故汽车车身的拆解与估损

项目说明

学员已经对汽车车身结构有了初步了解并能拆装一些连接部件，但是只能对简单汽车车身部件进行拆装而不能完成事故车辆的钣喷维修工作，因此该项目要求学员进一步完成更复杂的受损车辆部件的拆解工作，以便能对事故车辆进行较为准确的估损定损。通过该项目的实施，使学员了解汽车前部、侧部以及后部的零部件的结构特点，常见的估损定损的工作顺序，掌握拆装汽车内、外部部件的技能，具备独立解决估损、定损等相关工作的能力。

 ## 2.1　基本知识

2.1.1　整体式车身的类型及特点

现在的整体式车身结构有三种基本类型：前置发动机后轮驱动（简称前置后驱，可用 FR 表示）、前置发动机前轮驱动（简称前置前驱，可用 FF 表示）和中置发动机后轮驱动（简称中置后驱，可用 MR 表示）。

一、前置发动机后轮驱动的车身

1. 前置后驱车身的特点

前置后驱的车身（图 2-1）被分成三个主要部分：前车身、乘坐室（中车身）和后车身。发动机、传动装置、前悬架和操纵系统装在前车身，差速器和后悬架装在后车身。中车身的地板上焊接有纵梁和横梁，有很高的强度和刚性，可以保证汽车运行的需要。

前置后驱汽车的特点如下：

（1）发动机、传动装置和差速器均匀分布在前、后轮之间，减轻了操纵系统的操纵力。

（2）发动机纵向放置在前车身的副车架或支撑横梁上。

（3）发动机可单独地拆卸和安装，便于车身修理操作。

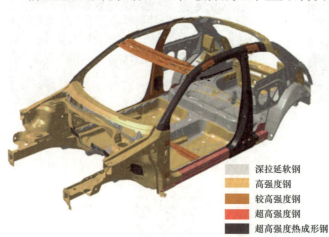

图 2-1　前置后驱汽车车身结构

(4) 传动轴安装在地板下的通道内，减少了乘坐室的内部空间。

(5) 由于发动机传动系统及后轮由前到后布置，因而汽车的振动与噪声源也分布到车身的前面和后面。

2. 前置后驱的前车身

前置后驱的前车身由前横梁、前悬架横梁、散热器支架、前挡泥板、前围板、前围上盖板及前纵梁等构成（图2-2）。由于发动机、悬架和转向装置都安装在前挡泥板和前车身的前纵梁上，且前车身的强度与精度影响前轮的定位和传到乘坐室的振动与噪声。因此，要求前车身制造精确并具有极高的强度。车身外覆盖件，如发动机罩、前翼子板、前裙板等是用螺栓、螺母和铰链固定的，其他的部件都焊接在一起，以减轻车身质量，增加车身强度。

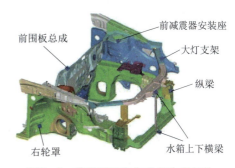

图2-2 前置后驱汽车前部车身结构

3. 前置后驱的侧面车身

前置后驱的侧面车身结构如图2-3所示，前柱、中柱、车门槛板、车顶纵梁等部位都采用三层板设计，同时应用了大量的高强度钢，以防止来自前方、后方和侧面的碰撞引起中部车身变形。车身侧板、车顶板、车地板共同形成乘坐室。在行驶中这些板件把从车底部传来的载荷传递到汽车的上部部件，并阻止车身向左、右侧弯曲。车身侧板也作为门的支架，在汽车翻倒时能保持乘坐室的完整性。车身侧板由于有车门，其强度被削弱，因而用连接的内部和外部板件来加强，形成一个非常牢固的箱形结构。

4. 前置后驱的底部车身

底部车身主要由前后纵梁、地板纵梁、地板及横梁构成（图2-4）。前纵梁形同车架的框架。随着悬架与车身底部结构的大小和形状的不同，这些部件的形状和基本布局会有变化。

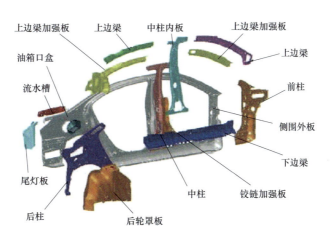

图2-3 现代车身的侧面结构

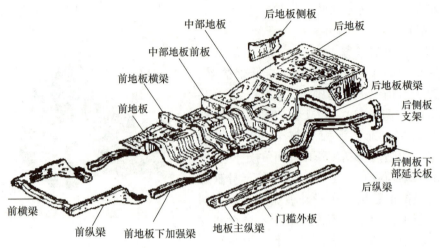

图 2-4　底部车身的结构部件

（1）底部车身前段。

底部车身前段由前纵梁、前横梁构成。由于要安装发动机、悬架等部件，并影响前车轮的定位，故这些构件都用高强度钢制成箱形截面。前纵梁均为上弯式，在板件上都有加工的预应力区，在碰撞时这些构件将会弯曲并吸收冲击能量，在正面碰撞时可以有效地保护乘坐室的乘员。图 2-5 表示了不同类型的前部车身结构。

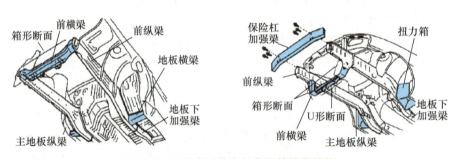

图 2-5　不同类型的底部车身的前段结构

（2）底部车身中段。

底部车身中段主要由地板、地板横梁和地板纵梁等构成（图 2-6）。前置后驱车因为变速器纵向放置，并且有传动轴传递动力至后方，所以需要较大的车底拱起空间。因此，前置后驱车辆不能提供像前置前驱车辆一样大的腿部活动空间（图 2-7）。前置后驱车型一般适用于大中型具有较大车身的轿车；地板的中心有传动轴通道，加强了地板的强度，它能阻止地板扭曲。此外，地板主纵梁和横梁位于前排座下面和后排座前面，从而强化了左侧和右侧的刚性，在侧面碰撞中可防止地板折曲。

（3）底部车身后段。

底部车身后段主要由后纵梁、后地板横梁、后地板及行李舱地板等构成（图 2-8）。后纵梁从后排座下边延伸到接近后桥，并上弯延伸到后地板。此弯曲结构像前纵梁一样，可以

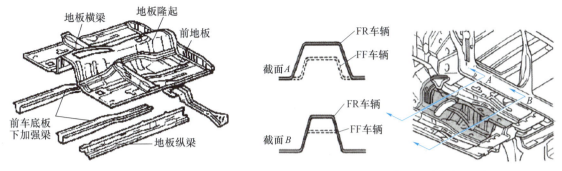

图 2-6 底部车身的中段结构　　图 2-7 底部车身的隆起部位对比

吸收后端碰撞时的能量。另外，后地板纵梁后段和后地板纵梁是分开的，以方便车身维修时的更换作业。

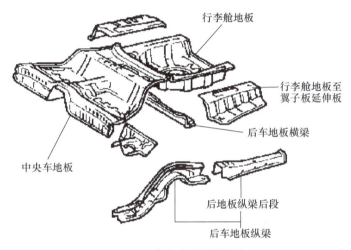

图 2-8 车身底部后段结构

当燃油箱固定于地板下面时（悬浮式）（图 2-9），后地板纵梁后半部具有坚韧而不易弯曲的特性，不过在弯角区域（向上弯曲）设计成容易发生折损变形的形式，当发生后面碰撞时可保护燃油箱。

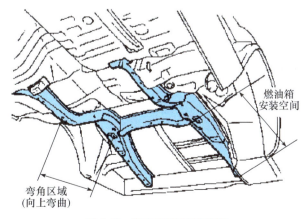

图 2-9 车身新型后部结构

5. 前置后驱的后车身

前置后驱的后车身有轿车型式（图2-10）和旅行车型式（图2-11）两种类型，前者行李舱和乘坐室分离；后者行李舱与乘坐室不分开。在轿车中，后围上盖板与后座的软垫托架连接在后侧板和后地板上，围板可防止车身扭曲。旅行车由于没有单独的后车身，故采用加大顶盖内侧后板及后窗上部框架，将顶盖内侧板延伸至后侧板等措施来加强车身的刚度。

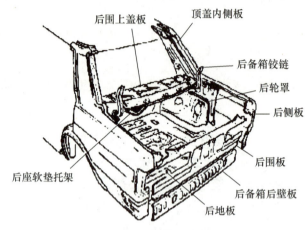

图2-10　轿车后车身

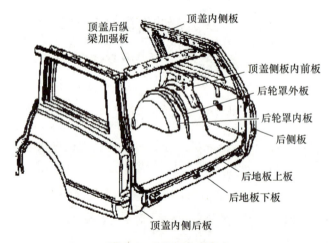

图2-11　旅行车后车身

6. 车门

车门包括外板、内板、加强梁、侧防撞钢梁和门框。其中，内板、加强梁和侧防撞钢梁以点焊结合在一起，而内板和外板通常是以折边连接。另外，车门窗框通常是由点焊和铜焊结合而成的，车门的形式大致分为窗框车门、冲压成形车门和无窗框车门3种（图2-12）。

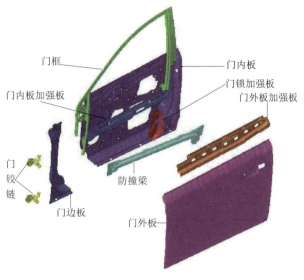

图 2-12 车门

7. 发动机罩

发动机罩包括外板、内板和加强梁（图 2-13）。内板和外板的四周以折边连接取代焊接。为了确保发动机罩铰链与发动机罩锁支架的刚性和强度，将加强梁点焊于内板上，将密封胶涂抹于内板和外板的某些间隙当中，以确保外板有足够的张力。

8. 行李舱盖

行李舱盖的构造类似于发动机罩，包括外板、内板和加强梁（图2-14）。内板和外板的四周采用折边连接方式，而加强梁和支座由点焊焊接于行李舱盖上（铰链和支座区域除外），将密封胶涂抹于内板和外板的某些间隙当中，以确保外板有足够的张力。

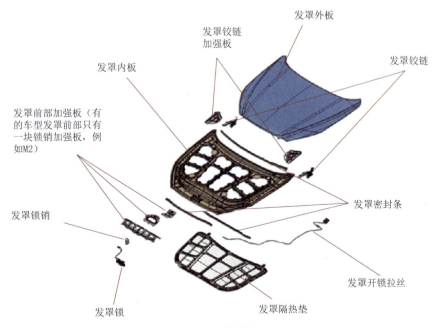

图 2-13 发动机罩

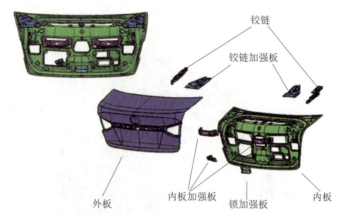

图 2-14　行李箱盖

二、前置发动机前轮驱动的车身

1. 前置前驱车身的特点

前置前驱的发动机安装在车身的前面并由前轮驱动，车身结构与图 2-15 所示的类似。由于没有传动轴，乘坐室的空间可以加大。由于发动机、传动轴、前悬架装置和操纵装置都设置在车身前部，车身前部部件承受载荷比较大，所以前置前驱汽车的车身前部强度与前置后驱汽车有很大不同。其特点如下：

（1）变速器和差速器结合成一体，没有传动轴，车身质量显著减小。

（2）因噪声和振动源多在车身的前部，故汽车的总体噪声和振动减小。

（3）前悬架和前轮的负荷增加。

（4）车身的内部空间增大。

（5）油箱可设在车中心底部，使行李舱的面积增大，其内部也变得更加平整。

（6）由于发动机装在前面，碰撞时有向前惯性力，所以发动机的安装组件要相应加强。

前置前驱的发动机可以纵向放置也可以横向放置，当纵向放置时发动机支撑如图 2-15 所示，发动机由连接左、右前纵梁的前悬架横梁支撑，这种发动机的放置与后轮驱动汽车发动机的放置方式相同。当横向安置发动机时支撑如图 2-16 所示，发动机支撑在 4 个点上，即发动机安装在中心构件（或称为中间梁）和左、右前纵梁上。

图 2-15　纵置发动机前车身

图 2-16　横置发动机前车身

2. 前置前驱的前车身

前置前驱的前车身由发动机罩、前翼板、散热器上下支架、散热器侧支架、前横梁、前纵梁、前挡泥板和用薄钢板冲压的前围板等构成。

前置前驱和前置后驱汽车的前悬架几乎是相同的，它们都采用滑柱式独立前悬架。前车身的精度对前轮定位有直接影响，所以在完成前车身修理以后一定要检查前轮的定位。

（1）图2-17所示为前置前驱纵向放置发动机的前车身结构。为了增加前挡泥板的强度和刚度，将前挡泥板与盖板、前纵梁焊接在一起。纵向安置发动机（包括4WD）的前车身与后轮驱动的前车身几乎相同，但由于前置前驱汽车前部承受较大的载荷，其扭力箱焊接在前纵梁的后端，所以其前纵梁比前置后驱汽车的相应构件强度要大。

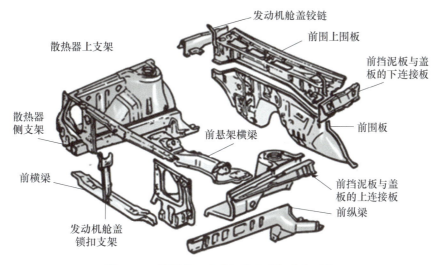

图2-17 前置前驱发动机纵置前部车身结构

（2）图2-18所示为前置前驱横向放置发动机的前车身结构。由于前置前驱横向放置发动机的转向操纵机构的齿轮齿条装在前围板的下部，转向传动杆系统通过前横梁后部的大开

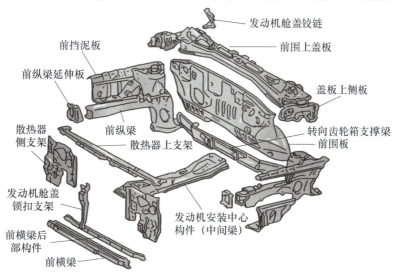

图2-18 前置前驱发动机横置前部车身结构

口和悬架臂一起装在直对开口下面的结构上,所以其前车身的下围板和前纵梁与后轮驱动汽车或纵向安置发动机的前轮驱动汽车完全不同。

3. 前置前驱的中车身

前置前驱和前置后驱的汽车中部车身基本是相同的,它们都由地板、地板纵梁、加强梁、地板横梁组成(图 2-19)。地板纵梁用高强度钢板制成,位于乘客室两侧下端,又称为车门槛板内板。由于前置前驱(FF)车身没有传动轴,FF 和 FR 车辆的中央下车身最大差别在于车底板拱起的高度。因为没有后轮驱动组件,所以 FF 车辆所需要的车底板拱起空间没有 FR 车辆大(图 2-20),因此,能够提供较大的腿部活动空间。

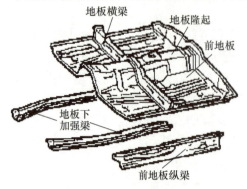

图 2-19　车身底部中段结构

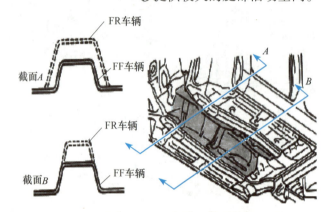

图 2-20　车身底部隆起部位对比

4. 前置前驱的后车身

前置前驱的后车身由上下两部分组成,上部由后门板、下后板、后侧板、后轮罩外板、后轮罩内板组成(图 2-21),下部由后地板横梁和后地板纵梁组成(图 2-22)。因其前置前驱,油箱又安装在中央底部车身地板下面,这使后地板纵梁比后轮驱动汽车的低。当发生后面碰撞时,大部分的撞击力就可由后行李舱空间吸收。后车底板纵梁的后段都经过波纹加工,以提高吸收撞击的效果。后地板纵梁的后段和后地板纵梁是分开的,车身维修时有利于更换作业(图 2-23)。后地板纵梁的较低部分与后悬架臂连接。后轮采用独立的滑柱式悬架,这样可以改进转向操纵性能和行驶的稳定性,当发生后尾碰撞时,对后轮定位的影响比后轮驱动汽车要大得多。因此,每次在后车身修理完成后都应当检查后轮的定位。

5. 前置前驱车身的其他部件

前置前驱汽车车身的发动机罩、车门、行李舱盖等部件与前置后驱车身的相同。

四轮驱动汽车的前车身与前置前驱车身的前车身类似,中、后车身与后轮驱动汽车的中、后车身类似。至于中置后驱汽车的车身结构,日常生活常见的车型较少,在此不做介绍。

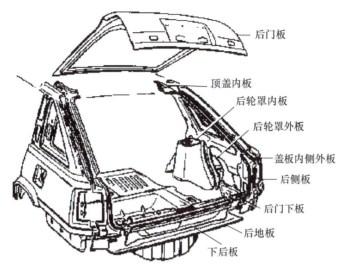

图 2-21 后部车身结构

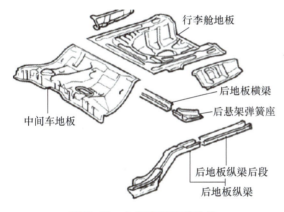

图 2-22 车身底部后段结构

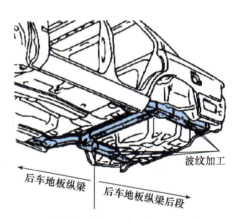

图 2-23 新型车身后部结构

三、轿车车身零部件

车身修理人员除要修理车身结构件和覆盖件外,还要承担汽车装饰件的修理工作。有些装饰件和嵌条可以用粘接带粘接,有的可用各种金属或塑料紧固件使其连接。

车身修理人员要熟悉现代车身结构上的各种零件、部件和组件的专业名称。如果一名车身修理人员不知道所要修理、矫正、更换和涂装的零件的正确专业用语,则会在定购零件和阅读修理规程时遇到很大困难。

车身结构可分成若干称为组件的小单元,它们本身又可分成更小的单元,称作部件或零件。例如车身前段包括的组件或部件(图 2-24)、车身侧板包括的组件或部件(图 2-25)、车身底部的组件或部件(图 2-26)、车身外覆盖件(图 2-27)等。

要了解具体车型的车身零部件,就需要该车型的修理手册。在汽车公司提供的修理手册中叙述了汽车的不同制造方法和车型结构,这种手册对车身的型式和零件给出了重要而详细的描述。

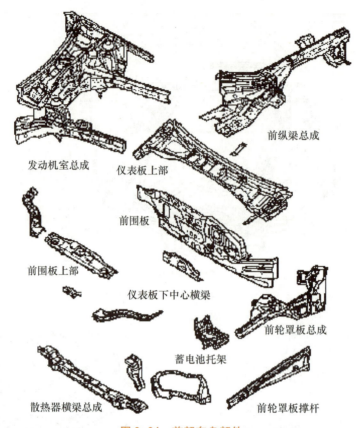

图 2-24 前部车身部件

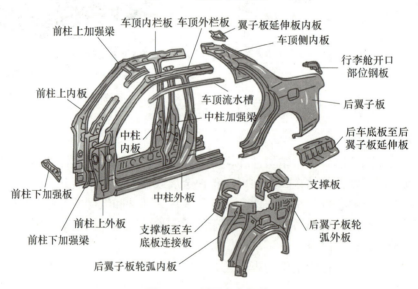

图 2-25 侧面车身部件

在使用汽车制造厂的修理手册或损毁评估手册之前，准确识别车身的样式、车型、年代、发动机型号和掌握其他必要的资料是很重要的。汽车修理手册（汽车碰撞手册）也包含必要的汽车编码（VIN码）资料，要熟悉每家汽车制造公司的汽车出厂编码方法及其含

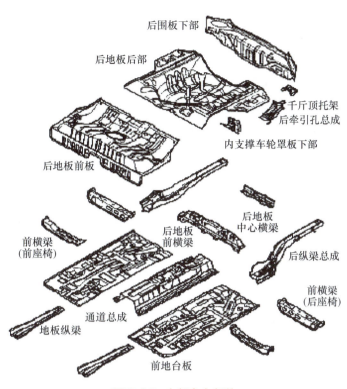

图 2-26 底部车身部件

义,尽可能多地获取被修汽车的所有资料。

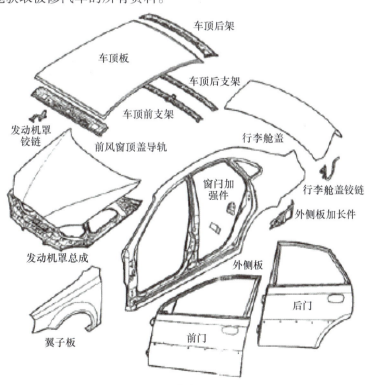

图 2-27 车身外覆盖件

2.1.2 车身钣金件的连接方式

一、可拆卸连接

可拆卸连接方式有以下几种：

1. 螺纹连接

螺栓连接如图 2-28 所示，螺栓焊接螺母连接如图 2-29 所示，螺钉卡扣连接如图 2-30 所示，自攻螺钉连接如图 2-31 所示。

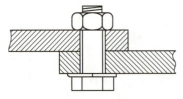

图 2-28 螺栓连接

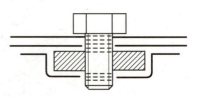

图 2-29 螺栓焊接螺母连接

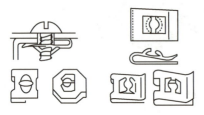

图 2-30 螺钉卡扣连接

图 2-31 自攻螺钉连接

2. 卡扣连接

卡扣连接用来安装室内装饰件、装饰条，以及外部装饰件和线路等（图 2-32）。

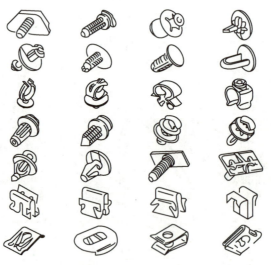

图 2-32 卡扣连接

3. 铰链连接

铰链连接用来连接车门、发动机罩、行李舱盖等需要经常开关的部件（图 2-33）。

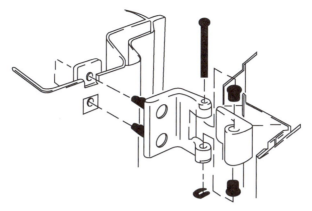

图 2-33 铰链连接

二、不可拆卸连接方式

1. 摺边连接

用来连接车门内外板、发动机罩内外板、行李舱盖内外板等（图 2-34、图 2-35）。

图 2-34 摺边连接

图 2-35 车门内外板摺边连接

2. 铆钉连接

用来连接车身上不同材料（当使用其他方式不能有效连接时），或者用来连接铝、镁或塑料车身等（图 2-36）。

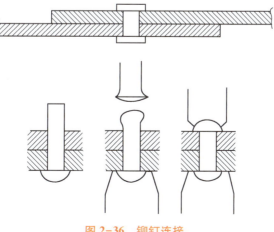

图 2-36 铆钉连接

3. 粘接连接

粘接主要用于车身需要密封的板件，以及一些车身大面积面板、铝车身板件、塑料车身件等（图 2-37）。粘接一般不单独使用，而是配合螺栓、铆接、电阻点焊、褶边连接等方式一起进行（图 2-38）。

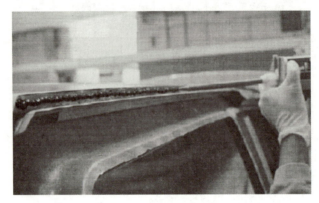

图 2-37 粘接连接

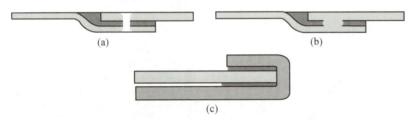

图 2-38 粘接连接的不同方式

(a) 粘接和铆接；(b) 粘接和电阻点焊；(c) 粘接和褶边连接

4. 焊接连接

焊接是对需要连接的金属板件加热，使它们共同熔化，最后结合在一起的方式。

焊接又可分为 3 类：

（1）压焊。压焊是通过电极对金属加热使其熔化，并加压使金属连接在一起。在各种压焊方法中，电阻点焊是汽车制造业最常用的焊接方法，但它在汽车修理业中应用还较少。

（2）熔焊。通过电弧或火焰等方式将金属件加热到熔点，使它们熔化连接在一起（通常采用焊条、焊丝）。

（3）钎焊。在需要焊接的金属件上，将熔点比它低的金属熔化（金属件不需熔化）而进行连接。根据钎焊材料熔化的温度，可分为软钎焊和硬钎焊。钎焊材料的熔化温度低于 450℃的是软钎焊，钎焊材料的熔化温度高于 450℃的是硬钎焊。如图 2-39 所示，每一类焊接方法又可具体分为多种焊接方式，其中只有几种焊接方式可用于车身修理。图 2-40 所示为车身上不同部位使用的焊接类型。

在修理受碰撞而损坏的汽车时，对一些新更换的板件，就需要使用焊接的方法来修理。关于车身修理中使用的一些焊接类型和工艺技术，将在项目三中进行详细介绍。

项目二 事故汽车车身的拆解与估损

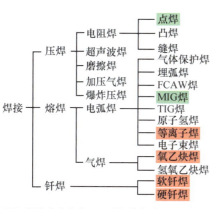

图 2-39 各种焊接方法

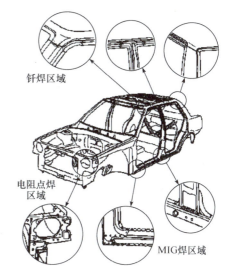

图 2-40 汽车制造中使用的各种焊接方法

2.1.3 事故车辆的测量

汽车碰撞损伤的修理过程通常包括：检查车身弯曲、扭转变形，更换或修理受到变形损伤的车身覆盖件或构件。图 2-41 所示为一个典型的车身检查、修复工艺流程示意图。

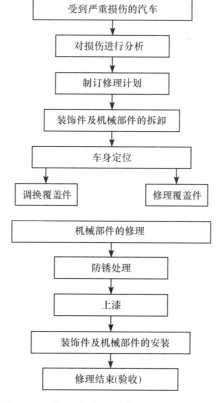

图 2-41 汽车检查、修复工艺流程示意图

33

当损伤汽车被送进车间时,损伤检查报告连同维修作业指示书等文件,也应一并送达维修人员手中。因此,钣金技师必须懂得检查、测量、分析车身的损坏程度,并且能按技术要求填写检测报告和作业指示书。当然,也包括根据实践经验,针对测量不能被发现的损伤,提出合理的维修方案或对损伤程度的评估提出意见。对于那些必须作为重点来处理的项目,还应在作业指示书中注明技术要求,以引起维修人员的重视。

显然,即使是由钣金技师亲自担当的维修作业,上述要求和程序同样是必要的。只有对碰撞受损情况做出准确的诊断,确定损伤部位、范围和严重程度之后,方可制定出合理的修复工艺方案。

一、碰撞受损评估

汽车损伤评估的步骤如图2-42所示。

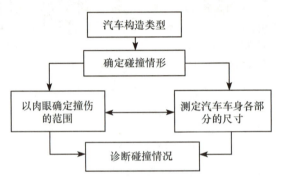

图 2-42 汽车损伤评估的步骤

应当明确以下内容:
(1) 被碰撞汽车的尺寸、构造、方位及车速。
(2) 碰撞时汽车的车速。
(3) 碰撞时汽车的角度和方向。
(4) 碰撞时汽车上乘客人数及他们的位置。

轿车车架一般是车身的一部分,多采用等边大梁结构。等边大梁的前后梁以中间车室两侧(侧梁)与增强扭矩框架相连接,从而使行驶时由路面传来的冲击与扭力被底架吸收和缓冲。

车架和车身的损伤,不仅是由于受到大的载荷作用而造成,也可能是因为门等部件磨损,使各部件经常处于非正常工作状态而造成的,但多数情况下,是因为冲击、翻覆等事故,使局部受到较大的载荷作用后造成的弯曲、扭转和凹陷等损伤。当受外力冲击作用时,底架易在曲线部分和弯折处受损,其因车型结构不同,冲击部位和冲击力不同,造成的损伤情况也各不相同。

二、汽车事故的类型

汽车碰撞事故可分为单车事故和多车事故。

单车事故又可细分为翻车事故和与障碍物碰撞事故。翻车事故一般是驶离路面或高速转弯造成的,其严重程度主要与事故车辆的车速和翻车路况有关。图2-43列举了翻车的几种典型状态。与障碍物的碰撞事故主要可分为前撞、尾撞和侧撞,其中前撞和尾撞较常见,而侧撞较少发生。

与障碍物碰撞的前撞和尾撞又可根据障碍物的特征和碰撞方向的不同再分类,图2-44

所示为几种典型的汽车与障碍物碰撞案例。尽管在单车事故中侧撞较少发生，但当障碍物具有一定速度时也有可能发生。单车事故中汽车可受到前、后、左、右、上、下的冲击载荷，对汽车施加冲击载荷的障碍物可以是有生命的人体或动物体，也可以是无生命的物体。

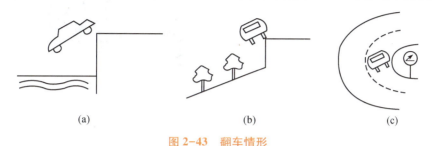

图 2-43　翻车情形
（a）正向坠崖翻车；（b）侧向坠崖翻车；（c）高速转弯翻车

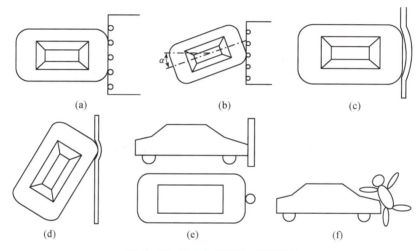

图 2-44　汽车与障碍物碰撞情形
（a）与刚性墙正碰；（b）与刚性墙斜碰；（c）、（d）与护栏斜碰；（e）与刚性物体碰撞；（f）与行人碰撞

三、碰撞分析

1. 前端碰撞

碰撞力小时，首先保险杠被撞凹，而由保险杠支架到前侧梁也变形，前覆轮盖、散热器框架、前护板、散热器前饰板及发动机盖等也都被撞缩而变形。

碰撞力较大时，前覆轮盖顶到通风栅板与前门的间隙没有了，又发动机盖铰键弯曲且发动机盖的后面部分叠搭到通风栅板的上面，这时前侧梁在悬吊的横杆（前悬梁）装置接合处产生溃变，车轮室罩板的上部与滑柱式悬架座的接合处也产生很大的变形。这些变形都是为了减轻前悬架遭受重大的冲击力。

若是碰撞力非常大，车身的前面部分门柱被挤压，前车门变形且车门的开关也变得困难。这时前车身门柱在通风栅板的上面附近也引起变形。前侧梁在转向齿轮箱的接合处产生溃变曲，该溃变变形是为了减轻转向机构直接遭受太大的冲击力。但是如果那些变形也不能完全吸收冲击力，则在前侧梁后面部分的接合处有剪断力的作用，而使焊接处被剥离（图 2-45）。

从前面来的碰撞情况，例如正面冲击时，因对方车辆的车头凸出物，而使前侧梁被往下压；或是车辆行驶中碰到路面上的障碍物使车头突然激烈地被往上抬。这时前侧梁的接合处成为回转轴,作力矩的弯曲,如图2-46所示,其接合处及缓冲板等也都会变形。

图2-45　前梁碰撞

图2-46　前部碰撞

前侧梁被往下压时,前车门铰链装配处被向下拉张,而引起车门往上提的现象。相反,当前侧梁被顶上时,则铰链装配处也被拉向上引起车门往下降的现象。如图2-47所示,当车辆受正方向前面来的碰撞时,前侧梁接合处为回转轴,形成左右弯曲力矩和上下弯曲力矩,作用点的另一侧也会变形。

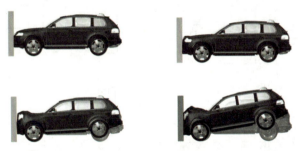

图2-47　前侧梁碰撞

2. 后端碰撞

碰撞力较小时,从保险杠以至后牌照板被撞凹而变形,后覆轮盖及后角板鼓隆起来,后车底板也产生变形。

碰撞力较大时,后角板以至于车顶板接合处产生变形,若为四门车,则中柱也会发生变形,而冲击能量则被上述各部分的变形以及如图2-48所示后侧梁弯曲部位的变形所吸收。

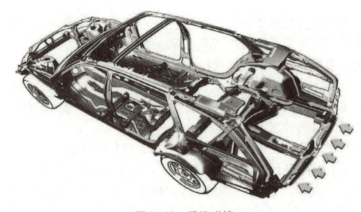

图2-48　后端碰撞

3. 侧面部分受碰撞

车辆侧面受碰撞时因车型的不同，损伤的情况也有相当的差异，但是一般来说车门、前面部分以及中央客室部分、门柱等都会有变形，碰撞力非常大时，车底板也会变形。前覆轮盖、后角板遭受较大碰撞时，另一侧也会受碰撞力的影响，特别是前覆轮盖的中央附近受碰撞时车轮室被压凹，自前悬架横梁到前侧梁也被冲击。此时悬架的各部分装置受损伤，前轮矫正及前后轴距产生歪曲；转向装置也受影响，故必须仔细检查各连接环、齿轮箱等有无异常。

4. 目测车身损伤的程序

（1）检查车身每一部位的间隙和配合。

（2）检查汽车惯性损伤。

（3）检查来自乘客与行李的损伤。

汽车车身钣金件具体的损坏形式将在项目三中做详细介绍。

四、车身损伤变形测量

1. 车身测量的意义

准确测量是顺利完成各种碰撞修复所必需的程序之一。就整体式车身来说，测量对于成功地修复损伤更为重要，因为转向系和悬架大多装配在车身上，而有的悬架则是依据装配要求设计的。汽车主销后倾角和车轮外倾角是一个固定（不可调整）的值，这样，车身损伤就会严重影响到悬架结构。齿轮齿条式转向机通常装配到钢架上，形成与转向臂的固定联系，而发动机、变速器及差速器等也被直接装配在车身构件或车身构件支撑的支架（钢板或整体钢梁）上。所有这些元件的变形都会使转向机或悬架变形，或使机械元件错位，而导致转向操作失灵，传动系统的振动和噪声，连接杆端头、轮胎、齿轮齿条、常用接头或其他转向装置的过度磨损等。因此，为保证汽车正确的转向及操纵驾驶性能，关键加工尺寸的配合公差必须控制在允许范围。

2. 车身测量参数的确定

即使专业技师拥有丰富的事故车修复经验，如果不能掌握车辆变形前后的精确数据，也很难准确地制定修复方案，所以当对事故车进行专业检测并得到准确的数据时才能使专业技师有的放矢。从车身大梁定位参数方面来讲，各种车型的数据参数是整个修复工作的依据，测量、定位、拉伸和检测都是在原车数据参数的基础上开展的，没有车身大梁定位参数，就无法做好修复工作。车身设计和制造时，就是以车身基准控制点作为组焊和加工的定位基准，同时也是修复工作中测量的基准，这些基准点的偏差将直接影响到汽车的各项性能。例如，前悬架支撑点的偏离直接影响到前轮定位角和汽车轴距尺寸。同时，对于一些特殊尺寸，可以查阅车身数据资料。

（1）标准参数法。

参数法以图纸或技术文件中的规定来体现基准目标。在以图纸规定为基准的参数法在测量中，定向位置要求用点与点之间的距离来体现；对称性要求用模拟轴线（或点）与实际对称轴（或点）的相对位置来体现。

（2）对比参数法。

对比参数法以相同汽车车身的定位参数来体现基准目标。

3. 车身变形的测量方法

（1）测距法的应用。

测量中心距（也称测距法）可以直接获得定向位置点与点的距离，是最简单、实用的一种测量方法。它主要通过测距来体现车身构件之间的位置状态。测距法所使用的量具是钢卷尺、专用测距尺等（图2-49、图2-50）。

汽车钣金常用量具

图 2-49　测距法常用量具
(a) 钢卷尺；(b) 专用测距尺

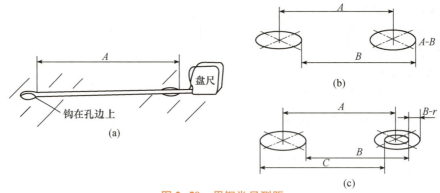

图 2-50　用钢卷尺测距
(a) 钩在孔边上测量；(b) 当孔径相等时；(c) 当孔径不等时

（2）定中规法的应用。

当车身或车架与汽车纵轴线的对称度发生变化时，就很难用测距法对变形做出准确的诊断。如果使用定中规法，则可以比较好地解决这类测量问题（图2-51）。

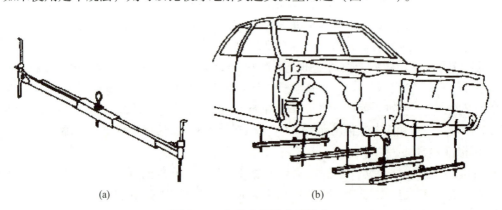

图 2-51　车身底部的变形检查
(a) 平行杆式定中规；(b) 吊挂方法

（3）坐标法的应用。

① 坐标法适用于对车身壳体表面的测量。

② 桥式测量架由导轨、移动式测量柱、测量杆和测量针等组成。

③ 测量过程中，可以根据需要调整其与车身的相对位置，使测量针在接触到车身表面

的同时，还能够直接从导轨、立柱、测杆及测量针上读出所对应的测量值。

注意事项：

着重对车身上起支撑和固定作用的螺栓孔、柱销孔间距进行测量；进行水平方向的测量时，量规臂应与车身基准面平行；必须使用与车身说明书或维修手册要求相一致的测量方法；对车身说明书标注出的所有点都要进行测量。

4. 车身各部分尺寸的测量要求

车身各部分尺寸可以按理想平面的概念，将其大致分成车身上部、车身前部、车身侧板、车身后部4个部分，所使用的专用量具应能满足测量要求。

2.2 项目实施

 项目实施目标

机械式三维测量尺的使用

- 能够对事故车辆进行较为有效的拆解工作
- 能够判断损伤车辆需要进行何种修复工作
- 能够进行手动估损
- 简单概述损伤评估的工作顺序
- 能够通过所收集的信息，判断受损零件是应该修理还是需要更换
- 能够熟练地使用相关的拆装工具

 项目实施条件

- 宽敞明亮的车间（有通风装置和动力源）
- 通用工具及螺丝刀（旋具）
- 工具车
- 零件车
- 操作台
- 举升机
- 碰撞过的轿车

 项目实施步骤

- 拆掉前保险杠及前灯
- 拆下前翼子板
- 拆下前机器盖
- 拆下散热器框架
- 拆下损坏的车门
- 拆下损坏侧的座椅及地毯等

- 拆下行李舱盖
- 拆下后保险杠及尾灯
- 确定更换或修复的零部件
- 核算配件、材料及工时价格

翼子板的拆装与调整

2.2.1 任务一：散热器框架和前翼子板的拆解

碰撞后的车身附件由于受外力的冲击产生各种弯曲、扭曲和褶皱等变形损坏，拆卸时不会像完好汽车那样，有些可能需要牵引才能拆下。

（1）拆下散热器格栅、前保险杠及前照灯等。

（2）拔掉风窗玻璃清洗喷嘴导管，拆下前机器盖。

（3）拆下翼子板内衬，拆下翼子板与车身连接螺丝，取下翼子板。

（4）拆下散热器及冷凝器，拆卸前要先放掉散热器及冷凝器的液体和冷媒。

（5）拆下散热器框架（图2-52）。

2.2.2 任务二：侧部车身的拆解

（1）拆下车门的内饰板及玻璃等。

（2）拆下车门限位器（图2-53）。

（3）断开车门和车身间的线束。

（4）拧下车门铰链固定螺栓，卸下车门（图2-54）。

图2-52 前翼子板和散热器框架拆卸后的汽车车身

图2-53 拆车门限位器

图2-54 拆车门

（5）拆下座椅，固定螺栓向后滑出（图2-55）。

（6）撬下座椅蒙皮铁卡固定（图2-56）。

图 2-55　拆座椅

图 2-56　撬座椅蒙皮铁卡固定

（7）向上褪下蒙皮，拆掉中间固定卡及头枕底座（图 2-57）。

（8）分离座椅蒙皮和座椅骨架。

（9）检验安全带使用状况，拆下安全带（图 2-58）。

图 2-57　褪下蒙皮

图 2-58　拆安全带

（10）拆下中间支柱饰板及门槛压条（图 2-59）。

（11）掀起地板。

图 2-59　拆中间支柱饰板

2.2.3 任务三：后保险杠和行李箱盖的拆解

（1）拆下后保险杠，分开保险杠外罩和骨架吸能部件（图 2-60）。
（2）拆下后围板内饰板及尾灯（图 2-61）。

图 2-60　拆骨架吸能部件

图 2-61　拆后围板内饰板及尾灯

（3）拆下行李舱盖饰板及饰灯，断开行李舱盖及车身连接线束。
（4）拆下行李舱盖固定螺栓，取下行李舱盖（图 2-62）。
（5）取下行李舱盖铰链弹簧或扭杆，拆下铰链（图 2-63）。

图 2-62　拆行李舱盖

图 2-63　拆行李舱盖铰链

（6）拆下行李舱锁机构总成。

2.2.4 任务四：事故车的估损

一、估损的意义

大部分事故车的维修都经过拆解、制定修复方案、估损及修复的流程，估损是最终修复完毕费用的计算，是维修厂、车主及保险公司等非常关注的环节，在统计时要细心、全面，不要遗漏，切实维护好各方利益。

二、估损合计

对拆解下来的零部件结合当时当地技术水平以及价格因素查看损坏情况，需更换的零部件价格由有资质的生产厂商或经销商提供，价格的采纳利用竞争的原则，多方询问以使零件的质量、价格趋于合理，不需要更换的零部件依据当地区域的维修水平确定维修工时和每工时费用。事故车的估损合计包括零部件价格、零部件更换工时、零部件矫正修复工时、拆装调整工时、材料费用、车辆的拖曳费用及保管费用等。

三、估损的工作顺序

（1）通过目视查看车身外部覆盖件的损坏情况，从碰撞处开始沿着冲击力方向细心观察，包括密封胶和油漆的崩裂以及车身部件间缝隙的改变。

（2）查看车身内部装饰件的损坏情况，是否翘起变形、断裂（图2-64）。

（3）举升车辆查看纵梁吸能区的形变及底盘零件损坏情况（图2-65）。

（4）拆解碰撞部位部件，查看外表观察不到的隐蔽部件或部位损坏情况（图2-66）。

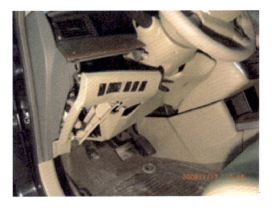

图2-64 查看内部装饰件损坏程度

图2-65 举升汽车查看底盘及纵梁

图2-66 查看不易观察的隐蔽部件

（5）目视不能确定的变形使用测量器具进行检测（图2-67、图2-68）。

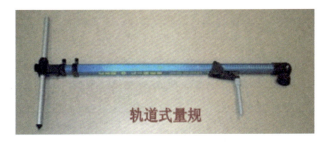

图2-67 轨道式量规测量

图2-68 钢卷尺测量

（6）将查定更换和修复的零部件登录到估损鉴定单上，以下是损失确认书。

机动车辆保险车辆损失情况确认书
修理项目清单

承保公司：

报案编号：　　　　　　　　共　页，第　页　　　条款类别：　　　　　　车险

保险单号：			厂牌型号：		
保险金额：			号牌号码：		
序　号	修理项目名称	工　时	工时费	材料费	备　注
1					
2					
3					
4					
5					
6					
7					
8					
9					
10					
11					
12					
13					
14					
15					
16					
17					
18					
19					
20					
21					
22					
23					
24					
小计					

核准人：　　　　　　　　　定损复核人：　　　　　　定损制单人：

　　注：①油漆、防冻液和非零部件更换项目均列入本表修理项目中；
　　　　②零部件更换项目的工时费不列入本表修理项目中；
　　　　③修理项目较多，填写不下的，可接附页填写。

2.2.5 拓展知识：计算机估损

在发达的国家和地区，估损员利用装有估损软件的计算机估损，估损软件里可以存储几百种车型数以千计的零件数据、价格的信息，而且随着车型的增加还可以更新。估损员利用计算机只需输入车型码然后单击，即可查询零件的价格、维修工时、计算合计费用及打印估损报告等，操作简单快捷，降低了估损员的劳动强度，加快和规范了估损过程。

项目三　汽车钣金件的修复与更换

 项目说明

在服务站里，往往可以看见车身前部、侧部、后部甚至是整体破损的事故汽车，要成为熟练的汽车钣金作业技术员，必须对钣金作业的各阶段充分了解。有些部件能够修复，有些部件因受损严重只能更换，而车身修理作业的主要项目为变形及凹凸的修正作业、方法，这需要学员熟练运用手动工具及其他矫正机器等工具进行工作。通过该项目的实施，使学员学会车身连接和焊接等相关知识，掌握手工修复、更换常见受损钣金件的技能，具备修复常见车身上损坏钣金件的能力。

 3.1　基本知识

3.1.1　车身钣金件损坏的类型

一、钢材变形的类型

金属材料抵抗变化的能力可用它的 3 种性能来表示：弹性变形、塑性变形和加工硬化。

1. 弹性变形

金属材料在外力的作用下，尺寸和形状发生改变，也就是说发生了变形。当外力消失后，金属材料可以恢复（回弹）到原来的尺寸和形状，即原来的变形消失了，这种变形就称为弹性变形。

2. 塑性变形

当金属材料所受到的外力超出弹性极限时，将产生永久变形，这种变形就是在外力消失后也不能消除，即金属材料不能恢复原来的形状，这种永久变形就称为塑性变形。当汽车在碰撞过程中受到损坏时，由碰撞而产生的变形将保留下来，除非人为将这种变形除去。产生永久变形的部位周围都会产生弹性变形，当永久变形不消失时，弹性变形也无法消除。在修理受到这种类型损坏的车身时，应首先修复永久变形，这样弹性变形也会随之消失，从而使车身恢复到原来的形状。

3. 加工硬化

加工硬化是达到塑性变形的上限时，金属出现的一种现象。例如，将一钢板弯曲，在弯曲的部位出现弯折，这个部位的塑性变形非常大，迫使晶体组织完全离开了原来的位置，金属变得非常硬。这种硬度的增加称为加工硬化（图3-1）。

在车身上未受任何损坏的金属板，都会因在制造过程中的加工而存在某种程度的加工硬化，而碰撞造成的弯曲只能使受到影响的部位产生更加严重的加工硬化。车身修理人员在矫正受损坏的部位时，同样会加重该处加工硬化的程度。金属产生硬化会导致强度增加，但它却是金属板损坏的根源。

金属板在加工成翼子板之前相当柔软，冲压后被加工的部分变得很硬，这是因为晶体组织的重新排列，它已经产生加工硬化。加工后仍保持平坦的部位则比较柔软。硬度高不容易损坏，但一旦变形损坏，也难以修复。金属平坦的部位在修理过程中容易变形损坏，故应采取正确的矫正方法，以免损伤未被损坏的部分。由于汽车上的所有金属板材都存在不同程度的加工硬化，所以在这些金属板受到损坏以前，就要知道哪些部位的金属最硬或最软。

为了进一步说明加工硬化对修理过程的影响，现以一块钢板为例，将此钢板稍微弯曲，钢板将可恢复原来的形状，这是弹性变形。如果弯曲超过了弹性极限，金属将出

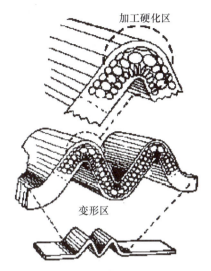

图3-1 钢板内的加工硬化

现折损。当外力消除后，在折损部位周围的金属都将恢复原来的状态，而在折损部位出现了加工硬化。如果直接将原折损部位的金属弯曲回它原来的形状，会在原折损部位两边出现新的折损，这就是附加加工硬化（图3-2）。附加加工硬化的出现是因为原折损部位的硬度太高，内部存在巨大的应力使它无法恢复到原来的形状。

汽车上的钢板构件在受到碰撞时，造成的折损会加重原来存在的加工硬化的程度。当金属板被弯曲后，如果不能恢复原来的形状，金属板会出现折损。在图3-3中一些受损部位（弹性弯曲区）虽然发生了弯曲，但并没有折损，而只有上部发生了折损。修理时把折损区修理好后，弹性弯曲区自然会恢复原状，但如果先对弹性变形区进行修理，则会对此区域造成损坏。由于对金属的不适当加工造成过度的加工硬化，故金属将会更加难以加工。

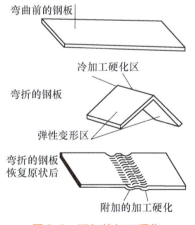

图3-2 附加的加工硬化

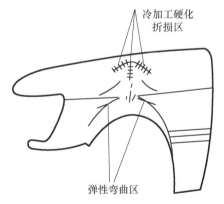

图3-3 弯曲变形中的加工硬化区和弹性区

了解这些部位的变形情况对于确定正确的修理方法有着非常重要的作用，车身修理人员必须掌握这些金属特性。在修理过程中造成的损坏与碰撞对汽车造成的损坏几乎同样多，这是由于缺少这方面的知识和经验而造成的。在矫正金属板的过程中，多少总要引起一些加工硬化，但一定要将它控制在最小范围内，不应造成损坏。

二、车身钣金件损坏的类型

车身板件修理的第一步就是对受到损坏的部位进行损坏分析，修理人员必须能够识别出受损金属上的变形状态。金属板上的损坏一般分两种，即直接损坏和间接损坏；碰撞产生的损坏，如断裂、擦伤或划痕就是直接损坏；在直接损坏周围区域的折损和挤压变形就是间接损坏。间接损坏变形有多种类型，如根据板件形状的复杂程度，形成的损坏变形可能是几种损伤的组合，而不是只存在一种。

1. 直接损坏和间接损坏

（1）直接损坏。

直接损坏是指引起碰撞的物体与金属板上受到损坏的部位直接接触而造成的损坏（图3-4），也就是碰撞点部位的损坏。直接损坏通常以断裂、擦伤或划痕的形式出现，用眼睛即可看到。在所有的损坏中，直接损坏通常只占10%~15%。但是，如果碰撞产生了一条很长的擦伤或折痕，它将在损坏中占80%。通常可以对严重的直接损坏进行修理，但现在的车身上使用的金属件太薄，难以重新加工，矫正修理需花费很多时间。所以，实际上一般不对受到直接损坏的部位进行修理。直接损坏部位的修复通常需要使用塑料填充剂（腻子），有时还需要使用铅性填充剂（铅性填充剂为了与钢板更好的结合，需要在操作中使用酸腐蚀，而酸腐蚀会使金属板产生损害，一般不推荐使用），在填充的过程中，间接损坏也得到了修理。

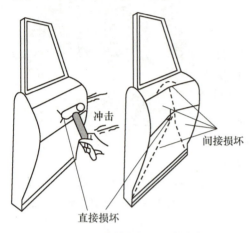

图3-4 直接损坏和间接损坏

（2）间接损坏。

碰撞一般都会同时产生直接损坏和间接损坏，间接损坏是由直接损坏引起的。在实际中间接损坏占所有类型损坏的绝大多数（80%~90%）。所有非直接的损坏都可认为是间接损坏。

各种构件所受到的间接损坏基本相同，它会产生同样的弯曲和压缩，而80%~90%的金属板都可采用同样的方法修理，通常采用一些基本的方法就能修理大多数车身板件，只是由于受损坏部位的尺寸、硬度和位置的不同，故所用的修理工具有所不同。间接损坏中产生的损坏类型有以下4种：单纯的铰折、凹陷铰折、凹陷卷曲、单纯的卷曲。

① 单纯的铰折。

单纯铰折的弯曲过程像铰链一样（图3-5），沿着一条线均匀地弯曲。产生这种变形时，金属上部受到拉力而产生拉伸变形，下部受到压力而产生压缩变形，而中间将有一个未发生变形的区域。

对实心的金属板而言，单纯铰折总是形成一条"直线"形的折损，而对箱形截面的弯曲就不同了。

② 凹陷铰折。

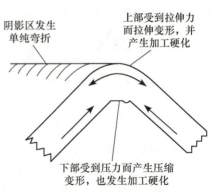

图3-5 单纯的铰折

在箱形截面上发生弯曲的规律与实心的金属相同，但是两者弯曲的结果是不同的。箱形截面的中心线没有强度，所以顶部的金属板被向下拉而不是受到拉伸，或者说很少有拉伸。底部的金属板受到两边的压力，所以容易铰折。铰折中顶部金属受到的损伤比底部金属要小得多，折损处受到压力的一边产生严重收缩，这就是凹陷铰折（图3-6）。如果矫正方法不正确，顶部也会发生铰折，而造成严重的全面收缩。箱形截面与实心金属板的铰折修理方法不同，如果进行了错误的矫正，箱形截面的顶部和底部表面会同时出现凹陷。

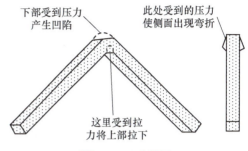

图3-6 凹陷铰折

当矫正箱形截面时，铰折部位存在很大的加工硬化，不适当的矫正容易使顶部的表面发生进一步的凹陷。在修理中必须采用加热的方法并使用拉伸设备，以防止出现凹陷变形。矫正时，如果直接把变形弯曲恢复原状后，在原先凹陷铰折的部位两侧就会形成新的凹陷，导致长度比原先缩短［图3-7（a）］。如果这时再用拉伸的方式修理，则凹陷部位的加工硬化程度更高、更硬，难以变形，可能造成需要拉伸的凹陷部位没有恢复变形而其他部位导致变形，导致修复失败，部件被修复报废。正确的修理是对凹陷部位进行加热，消除加工硬化产生的应力，然后一边拉伸一边恢复弯曲，最终把凹陷铰折恢复原状［图3-7（b）］。

在整体式车身上，有许多结构复杂的箱形截面构件，其中包括箱形结构梁、车门槛板、风窗支柱、中心支柱、车顶梁等，金属件上被弯成一个角度的部位，都可以认为存在箱形截面。汽车结构中有大量的隆起和凸缘，这些部位都产生了加工硬化，也都具有局部的箱形截面。整个翼板可看成是具有局部箱形截面的构件（图3-8）。局部箱形截面也会发生凹陷，与完全箱形截面凹陷的结果相同，两者折损的名称也相同，都是凹陷铰折。通常不适当的矫正均会造成矫正后整个尺寸缩短。

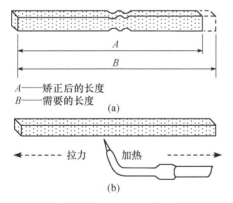

图3-7 凹陷铰折的修理

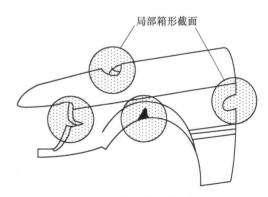

图3-8 局部箱形截面区

③ 凹陷卷曲。

当铰折造成的折损穿过一块金属板时，它不仅使所有的箱形或局部箱形截面产生收缩，而且也使它穿过的任何隆起的表面收缩。发生这种情况时，便形成了新的折损。这种折损试图将金属板的内部向外翻卷，以增加其长度。长度的增加是这种折损的特征，这种折损称为凹陷卷曲。凹陷铰折和单纯折型折损增加的是深度，而不是长度。发生在隆起表面上的任何折损都会使金属收缩，凹陷卷曲折损也不例外，其金属收缩量决定于碰撞的程度。

④ 单纯的卷曲。

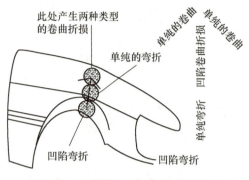

图 3-9　凹陷的翼子板发生的各种折损

当发生凹陷卷曲时，在凹陷卷曲部位的旁边还有两处也同时发生折损，这两处折损就是单纯的卷曲折损，其均位于金属板的隆起部分，因而也是收缩型的折损。卷曲型的折损很容易识别，单纯的或凹陷的折损是由于金属板的隆起部分引起的，因为它们只发生在隆起的表面上，并在隆起处形成一个箭头形状的弯折。如图3-9所示的翼板，初看似乎只有一个单纯的折损垂直地穿过它，实际上它有5处折损，有4种折损类型。如果金属板是平坦的，它将会以铰折的形式发生弯曲，产生的是单纯铰折造成的折损。当金属板是隆起的，穿过它的折损在深入到金属的内部时，由于金属表面具有合拢作用和金属自身的收缩作用，故将倾向于卷曲。

所有发生在隆起部分的凹陷卷曲折损的方向都与隆起的方向相反，所产生的收缩也是这个方向。单纯的卷曲折损和凹陷卷曲折损都使金属收缩，但两者的方向有所不同。

车身修理人员应该掌握间接损坏部位的4种折损类型，要能够识别出与某处可能产生的收缩有关的隆起，应该对各处的折损一目了然，能够对所有折损有一个修复的方案。

2. 钣金件受损区域的分析

板件损伤后，一般用"压缩"和"拉伸"来形容金属受损以后的状况，这些状况也可用"高点"和"低点"来描述。在任何损坏发生以前，金属内部都已存在压缩和拉伸。所有隆起的部位都受到压缩，但这里的"压缩"并不是指发生损坏时产生的力，而是指金属被挤压的部位受到一个新产生的压力的作用，该压力通过加工硬化被保留下来。如果该压力突然消失，金属将返回到它原来的形状。通常各种金属板的隆起程度会有所不同。隆起很高的金属板称为"高隆起"，而接近平坦的金属板称为"低隆起"。当低隆起的金属板受损时，金属被拉入损坏的中心部位。这个拉力使金属板低于它原来的高度，低于正常高度的损坏区称为拉伸区；相反，金属板上任何超出原高度的损坏区都称为压缩区。图3-10所示为一个受损部件截面图上的拉伸区和压缩区。

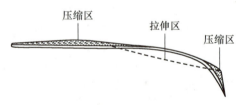

图 3-10　受损钢板上的拉伸区和压缩区

判断金属板件产生的变化并进行矫正时，应考虑金属在受到损坏前未受压缩或拉伸时的状况。进行维修时，先要确定受损部位受到的是拉伸还是压缩，然后才可以确定修理的方法和使用的工具。不能用锤子敲打拉伸区，也不能用垫铁敲打压缩区的内侧，要根据压力的方向来决定需要施加的力，同样当损坏部位存在压缩区时，不能在此部位使用塑料填充剂。

3. 车身板件上隆起部位的变形

汽车外部面板上的隆起类型有单向隆起、复合隆起和双向隆起三种。不同类型的隆起部位在受到外力作用时变形是各不相同的。

(1) 单向隆起部位的变形。

图 3-11 所示为单向隆起的金属板,一个方向上(左或右)是平坦的,而在另一个方向上是隆起的(90°或交叉方向)。当向金属板隆起处施加一个压力时,则在金属板的纵向(隆起的长度)方向受到拉伸,在金属板的横向(隆起的宽度)方向受到压缩。

车身构件损伤程度和类型的确定

金属板上所有隆起处的损坏都应先进行矫正。图 3-12 所示的弯折就是压缩区和拉伸区的一个很好的例子,碰撞产生一条狭窄的拉伸带,在拉伸带的周围是隆起的压缩区,隆起的部位需用锉刀锉平,而凹陷处要用塑料填充剂垫平。

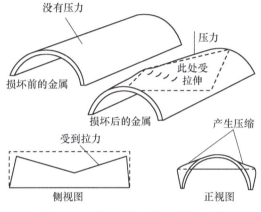

图 3-11 单向隆起的金属板的变形

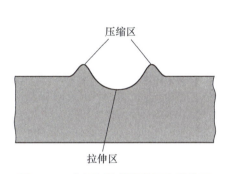

图 3-12 弯折部位的压缩区和拉伸区

(2) 复合隆起部位的变形。

图 3-13 所示为复合隆起金属板上发生的压缩区的转移。板件的压力方向为从上到下,几乎是垂直向下的。但是,有 P 到 BC 和 P 到 BF 两处长度不同的凹陷卷曲,这是因为隆起处金属比平坦处的强度大,抵抗压力能力强。事实上,在受到损坏时,箭头 P 两边所受到的力相同,但是左侧金属损坏的面积较大。如果不熟练的修理人员在矫正这种变形时,只是设法让金属向上移动,将会对金属板上较平坦的部位造成进一步的损坏。平坦的部位将会屈服于矫正力而断裂,但受力最大的 P 到 BC 部位却未受到影响。对这种情况进行的矫正应该是将 P 到 BC 折损处展开,因为这里是展开较平坦部位的"关键",而且此处受到的力最大。

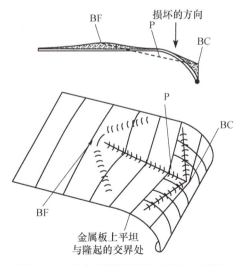

图 3-13 复合型损坏钢板上的加工硬化

如果一块隆起的金属板上有一个收缩区(由焊接、不正确地操作铁锤或垫铁、隆起处的折损等引起),则收缩区将低于正常的高度。对于出现在隆起处的凹陷区,如果在它附近没有伴随着出现一个压缩区,便可以用拉的方法来矫正收缩的凹陷区(图 3-14)。通过升高受拉伸凹陷区的方法进行矫正时,只会降低邻近部位的高度。一块受到损坏的金属板上总会出现一些压缩区,除非它所受到的是来自下面的损

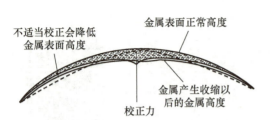

图 3-14 收缩的钢板通过拉伸恢复形状

坏。在后一种情况下,金属将受到向里面拉的力,即出现与单向隆起相反的情况。

掌握这些知识将有助于车身修理人员确定正确的修理方法。例如,在一个凹陷的表面上焊接时,由于金属材料的收缩,会造成金属的下沉还是上升?答案是金属会上升,形成一个凸起。解决这个问题可采用铁锤在垫铁上敲击,使金属表面得以降低。不熟练的修理人员常常以为拉伸会使凹陷的金属表面升高,事实上这种情况只会发生在隆起的金属板上。

(3) 双向隆起部位的变形。

一般金属板上的各种弯折都发生在一个方向上,而在另一个方向上保持平坦。大多数金属板上发生的弯折都与这种情形很接近。但是,也有一些金属板在两个方向上都有隆起(图 3-15),这类隆起就是双向隆起。

在隆起的表面上发生的弯曲折损会扩散到离它最近的平坦区。在有双向隆起表面的金属板上,卷曲折损通常会从受碰撞处向各个方向传播,就像车轮上的辐条一样,而轮毂则相当于最初的碰撞点。图 3-16 所示就是这种类型的金属板所受到的损坏。

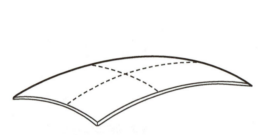

图 3-15 双向隆起的金属板

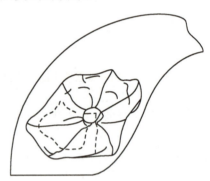

图 3-16 双向隆起金属板的凹陷卷曲折损

4. 板件损坏部位的修复程序

通过了解车身板件上的不同损坏类型,车身修理人员能够采用正确的方法来修理受到损坏的车身。首先要找到损坏的方向,碰撞损坏的方向应该和碰撞的方向完全相反。一般通过目测检查即可找出损坏方向,但是在金属板重叠的情况下,问题往往会变得复杂。

如图 3-17 所示,凹陷卷曲折损总是从最先发生接触的位置向外传播,当有两到三个部位出现这种折损时,情况更加简单,它们都汇聚到的那一点就是最初的碰撞点(好像车轮的辐条汇聚到轮毂一样)。

在修理时,基本的原则是最后的损伤要最先修复,最先的损伤要最后修复。在损坏部位离直接损坏点最远的位

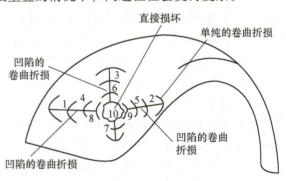

图 3-17 碰撞产生凹陷卷曲的过程

置 1 要最先进行修理，然后还要修复离直接损坏点最远的位置 2，以此类推把损伤全部修理好，对最后的直接损伤位置 10 可能需要通过塑料填充剂修理。

3.1.2 钣金件维修工具的使用

车身修理工具包括一些普通金属加工工具及专用于汽车车身修理的专用工具。下面对最常用的车身修理工具作简单介绍。

一、手动工具

1. 钣金锤

车身修理时用铁锤大而平的面，可使钢板表面所接受的打击力扩散于相当广大的面积上，这对平板作业有效果。

钣金锤和顶铁这两种手动工具是汽车钣金工作者最基本的工具，使用这些简单的手工工具能够将金属板整平、修整变形、延展，或者是做各种形状的东西。

车身修理时用铁锤小而平的面，可使钢板表面所接受的打击力扩散于相当广大的面积上，这对钣金作业有较好的效果。

对于顶垫在钣金件背面而看不见的顶铁，很难给予配合正确的锤击，但铁锤的打击面大时，打击的失误减少。铁锤打击面的中央部分是平面的，而外周部分稍附圆弧以避免伤及板材。依作业来选择适当的铁锤极为重要，通常除需要大平面的铁锤之外，尚需数种曲面的铁锤。

（1）钣金锤的种类。

① 球头锤。

球头锤（图 3-18）用于矫正弯曲的基础结构，修平重规格部件及加工未开始用车身锤和手顶铁作业之前粗成形的车身部件。一般球头锤的质量应为 250~500 g，通常在车身修理中大量使用这种锤。

② 橡胶锤、木槌。

橡胶锤或木槌（图 3-19）用于柔和地锤击薄钢板，这样不会损坏喷漆表面。它经常与吸杯配合用于大面积的凹陷修复。当用吸杯将凹陷拉上来时，用橡胶锤围绕着凸起的点按圆周状轻打。

图 3-18 球头锤

带有橡胶端部的钢锤是另一种在车身修理中使用的锤子（图 3-20），此种锤兼有硬面和可更换橡胶头的软面，有时称为软面锤。它用于铬钢修理或其他精密部件的作业而不会损伤其表面粗糙度。

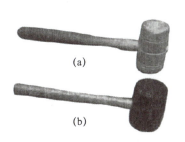

图 3-19 橡胶锤和木槌
(a) 木槌；(b) 橡胶锤

图 3-20 带橡胶端部的钢锤

钣金锤的使用

③ 轻铁锤。

图 3-21 轻铁锤

轻铁锤（图 3-21）是复原损毁钣金件第一阶段所必需的工具，它的重量是 1~2 kg，并有一个短把柄，因此能在紧凑的地方使用。在修理时用轻铁锤敲打损毁的金属板使其大致恢复到原形，在更换金属板时则用于清理损坏的金属板。

④ 车身锤。

车身锤是连续敲打钣金件而使其恢复形状的基本工具，它有许多不同的设计，有方头、单头、圆头以及尖头，每种形式都是为不同用途而设计的。

a. 镐锤。

镐锤（图 3-22）能维修许多小凹陷，其尖顶用于将凹陷从内部锤出，对中心进行柔和地轻打；其平顶端与顶铁配合作业可以去除高点和波纹。镐锤有多种形状和尺寸，有些有锐利的锥形尖，有些则具有钝的锥形尖。

使用镐锤时要小心，假如敲击力量过大，尖顶端可能会戳穿汽车上的薄钢板。通常只在修复小的凹陷处用镐锤。

b. 冲击锤。

大的凹陷需要使用如图 3-23 所示的冲击锤。冲击锤的顶角有圆的或方的，顶面的表面近似平面。这种锤顶面大，打击力散布在较大的面积上，用于凹陷板面初始的矫正，或加工内部板和加强部位的板件。这些操作需要较大的力量而不要求光洁的表面。

在修复变形大的凹陷表面，如后顶侧板上的反向曲面、变形的车头灯座和门等时，需要使用轻冲击锤。这种锤的锤面一面是隆起的，另一面则是平的，此种曲面锤面可使下凹的金属受冲击而不发生延伸。锤子的曲面外形必须小于金属板凹陷的外形，以避免延伸金属板。

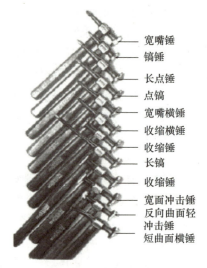

图 3-22 镐锤

c. 精修锤。

在用冲击锤去除凹陷之后，通过精修锤（图 3-24）得到最后的外形。精修锤的锤面较冲击锤的锤面小，表面是隆起的，以便力量集中在高点或波峰的顶端。收缩锤是有锯齿面或交错缝槽面的精修锤，这种锤用来收缩那些被过度锤打而延伸的部位。

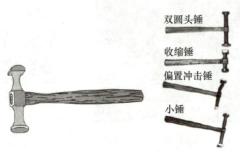

图 3-23 不同类型的冲击锤

图 3-24 不同类型的精修锤

（2）钣金锤的使用。

使用钣金锤进行钣金矫正的关键是：选择矫正的部位；选择矫正的时机；掌握敲打的力量；掌握敲打的次数。

握锤方法：以下面两个手指为支点，当锤子从金属表面回弹时绕支点做轻微的旋转，其他手指（包括拇指）将铁锤向下推。注意：不可用整个手臂或肩的力量。垂直敲打敲击频率为0.2~0.5 s/次。

2. 垫铁

垫铁（图3-25）的作用像一个铁砧，它通常顶在锤敲击金属板的背面，用锤和垫铁一起作业使凸起的部位下降，或使低凹的部位上升。

垫铁有高隆起、低隆起、凸缘等多种形状，每种形状用于特定的凹陷形式和车身板面外形。垫铁与面板外形的配合非常重要，假如在高隆起的面板上使用平面或低隆起的垫铁，将会增加凹陷。轨型垫铁也是一种常用的垫铁，它也有许多形状，如足尖式和足根式垫铁用于在狭窄部位进行敲击，而其平面直角边则用以矫正凸缘。

3. 匙形铁

匙形铁（图3-26）是另一类车身修理工具，它通常当作锤或垫铁使用。它有多种形状和尺寸，可与不同的面板形状匹配。例如：平直表面的匙形铁把敲打力分布在宽的接触面上，在皱折和隆起部位特别有用；当面板后面空间有限时，匙形铁可当作垫铁用；敲击匙形铁与锤一起作业，可降低隆起；内边匙形铁可撬起低凹处，或与锤一起敲击来拉起凹陷；冲击锉匙形铁则有锯齿状的表面，用来拍打隆起或里边的皱折，使金属板恢复到原来的形状。

图3-25 不同类型的垫铁

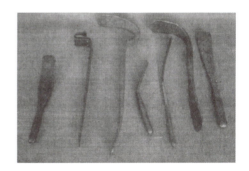

图3-26 不同类型的匙形铁

4. 撬棒

撬棒（图3-27）只用作撬起凹点，它们有不同的长度和形状，大多数有U形末端把手。撬棒是由钢棒所制成的，其一端或两端被延展成平的形状，有各式各样的形式，平的部分用于钢板的弯曲部或凹陷部分的修正。撬棒适用于钣金面内侧等狭窄不易伸入的部位。

如图3-28所示，撬棒可以用来升起门后顶侧板或其他密闭的车身部件上的凹点。撬棒通常较滑锤和拉杆好，因为其不需要在钣金件上钻孔或焊接，不会损伤漆面。

图 3-27　不同类型的撬棒

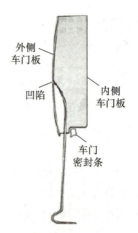

图 3-28　用撬棒修理车门板

5. 冲头和錾子

在汽车维修时经常会用到冲头和錾子（图 3-29）。中心冲头用于部件拆卸之前对它们的定位打标记，作为钻孔冲击标点（标点可保持钻头不偏移）。铆钉冲的冲头为锥形，顶端是平的，用来顶出较小的铆钉、销钉和螺栓。销钉冲和铆钉冲相似，但是冲头不是锥形，这样它可以冲击出更小的铆钉或螺栓。长中心冲是一个长锥形冲头，用于焊接时车身面板或其他车身部件（诸如翼板螺栓孔和保险杠）等的定位。

錾子是有硬化刀口的钢棒，用于切断钢材，有多种尺寸。冷錾用于分离咬死的螺母、切断生锈的螺栓和焊接点，以及分离车身和车架部件。

图 3-29　冲头和錾子

6. 划针

划针（图 3-30）看起来像一个锥子，但其钢柄较重。它用来在金属板上划出要切割、钻孔或紧固的标志，可以用锤轻敲划针穿过较厚的金属板。当冲不需要特定尺寸的孔时，可以用划针在金属板上戳穿一个孔。划针需要保持锐利才能在各项作业中有效而安全地使用。

7. 金属剪

金属剪用来修整面板，有几种常用的金属剪（图 3-31）。

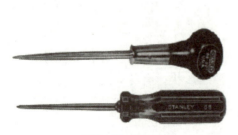

图 3-30　划针

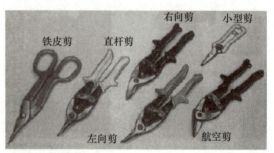

图 3-31　金属切割剪

（1）铁皮剪。铁皮剪是最通用的金属剪切工具，它可剪切出钢板的直线或曲线形状。

（2）金属切割剪。金属切割剪用来切开硬金属，如不锈钢。这种剪刀的刀爪窄小，可使其在所切金属之间移动。爪是锯齿形的，用来剪切坚韧金属。

（3）面板切割剪。面板切割剪是一种特殊的铁皮剪刀，用来切断车身钣金件。这种切割剪常在板上做直线或曲线的切割，来切除需要修理的、腐蚀或损坏的部位。它的切口清洁、准直，容易焊接。

二、气动、电动工具与设备

1. 凹陷拉出器和拉杆

修理板件时，如果凹陷损伤在密封结构段，从内部使用最长的匙形铁也够不到，此时可以用如图 3-32 所示的凹陷拉出器或拉杆。

图 3-32　凹陷拉出器和拉杆

以前在进行拉出操作时，都要在皱折部位钻或冲几个孔，安装好螺柱，由拉出器钩住螺柱后用冲击锤在凹陷拉出器的金属杆上滑动并冲击把手；冲击锤轻打把手，慢慢拉起凹点；使用螺柱拉伸时在面板上产生的孔要用气焊或锡焊封起来，只用车身填料简单修补这些孔不能提供足够的锈蚀防护。这种方法已经不再使用。

现在的凹陷拉出器和拉杆一般都配合外形修复机来使用，在车身的凹陷部位焊接一个焊钉或垫圈，然后用拉杆勾住焊钉或垫圈拉出凹陷。小的凹坑或皱折可以用一根拉杆拉平，大的凹坑可以同时使用三个或四个拉杆拉平。车身锤与拉杆同时使用，在将凹坑的低点拉上来的同时，其隆起的部分可以用锤敲打下去，同时进行敲打和拉引使面板恢复到原形，以减少金属延伸。

2. 外形修复机

对车身板件上不容易使用手工工具进行操作时，常用工具是如图 3-33 所示的具有电流调整性能的外形修复机，它可以很轻松地把板件上的凹陷拉出来。外形修复机可以使用焊接垫圈、焊钉、螺柱、星形焊片等进行拉伸操作，还可以使用铜触头和碳棒进行收缩操作。

外形修复机的电源是 220 V，通过内部的变压器转换成 10 V 左右的直流电。主机上有两条输出电缆线，一条为焊枪电缆，另一条为搭铁电缆，在工作时两条电缆形成一个回路。把搭铁连接到工件上，焊枪通过垫圈等介子把电流导通到面板的某一部分上，由于电流达到 3 500 A 左右，故在垫圈接触面板的部位产生巨大的电阻热，使温度能够熔化钢铁，熔化的垫圈就焊接到面板上了。

外形修复机的使用方法：

（1）用主机的转换开关选择自己所需要的作业方式。

（2）把搭铁线连接到离损伤部位较近的地方。连接时要注意是否会影响操作或影响之后的涂装作业。

（3）连接的方法是用搭铁的夹钳夹住面板或在面板上直接把接地线焊接上去。因为涂层不导电，故面板上连接搭铁部位的涂层都要打磨掉。如果是完全未损伤的面板，则最好避免使用焊接修复。

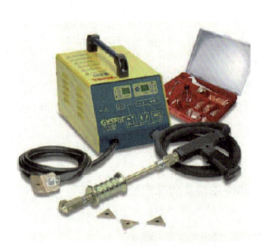

图 3-33　多功能外形修复机

（4）需要焊接垫圈的损伤部位也要把涂层打磨掉。

（5）把垫圈安装到焊枪上，焊枪的触头一般有磁性，可以吸住垫圈。把垫圈抵在面板上，不需要用过大的力去按，但力太弱也焊接不好，故要掌握好一个合适的力度。

（6）按下焊枪的开关，通电后垫圈就焊接在面板上了，然后就可以使用拉出器对面板凹陷进行拉伸修复。

（7）拆除使用过的垫圈时，用钳子夹住后，左右拧就可以轻松拆下来。如果不容易拆下，则主要是因为电流过大导致的。垫圈可以反复使用多次，如果沾上了焊接时的金属碎屑或氧化物，就不好焊接，要用锉刀磨好，露出其金属本色。

（8）拉伸修复操作完成后，在盘式打磨机上装上打磨纸，轻轻地对金属面进行整体打磨，把焊接印打磨好。

（9）把面板上去除涂层的部分进行防腐处理，注意面板焊点的反面和搭铁部位也要进行处理。

3. 吸盘

吸盘（图 3-34）是一种简单工具，它可以拉起浅的凹坑，但凹坑位置不能有皱折。作业时用吸杯附着在凹坑的中心并拉起，凹坑就能恢复到正常形状而不损伤油漆，也不需要再做表面整修。有时凹陷拉出后还需要用橡胶锤和顶铁来整平金属板，消除金属板上存在的弹性变形。

4. 铆枪

在车身修理中也经常用到铆钉枪，如图 3-35 所示，先将两片金属片上打孔，把铆钉插入孔中，然后用铆钉工具拉出，把金属面板锁定在一起。使用铆钉枪时不用在铆钉的背面加工孔，并有相当高的强度，若使用了足够的铆钉，则形成的连接是非常牢固的。对于各种钣金件更换如锈蚀孔修理，使用铆钉连接是最简易、费用最少的连接方法。在修理中要广泛使用铆钉，不论是作为永久性的修理还是作为暂时的紧固件。在将更换的板件焊接到指定位置前，也可用它作暂时的紧固件。车身上不同材料之间、铝合金或不能使用焊接的部位（如

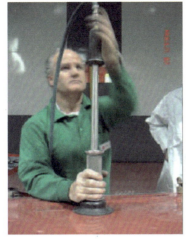

图 3-34　气动和手动吸盘

油箱附近），都要使用铆钉连接。最常用的铆枪（图 3-36 为其中一种）是 3 mm 和 6 mm 规格的，其他规格尺寸的铆枪适用于特种作业。

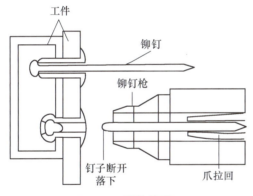

图 3-35　铆接的原理

图 3-36　电动铆枪

重型铆枪用于难以铆接的地方和较厚的机械装配件，如风窗玻璃升降器，它包含长手柄和长锥头以及整套的铆钉。

三、车身表面加工工具

表面加工工具是用来对最后的形状和外形进行修整的，有些用于修理好的金属板成形，有些则用于塑料车身填料与腻子的涂敷和成形。

1. 侧面锉

侧面锉（图 3-37）是一种小锉刀，它适用于许多形状的修整，其曲线形状适合于紧密配合凸起表面，如围绕风窗、轮口和其面板边缘。侧面锉在使用时是拉动而不是推进，因为推进操作会引起侧面锉的振动，结果形成刻痕和不平的表面。

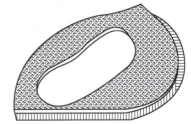

图 3-37　侧面锉

2. 车身钣金锉刀

车身钣金锉刀（图3-38）是做表面整平作业的必需工具。将漆膜除去，钣金表面整形敲平后，以车身钣金锉刀锉除一些小凸起处或者是用来帮助作业者能够很容易地判别出细小的凹凸处，然后再以尖头槌等将凹凸处消除。

汽车车身维修设备

图3-38　钣金锉刀

车身锉用于锉平大的表面。在对损伤部位进行修整后，用车身锉可以磨去高点而显露出需要再加以敲击的低点。操作时要注意，不要大力使用车身锉，否则可能会锉穿薄金属板。

车身锉的锉片安装在把柄上。把柄是一种带转动拉紧套筒的挠性把柄，转动拉紧套筒可以调整锉片的弯曲度。挠性把柄可让锉的形状更好地配合面板的外形。

固定式锉刀把柄适用于锉平面或轻度凸圆形状。

3. 圆盘磨光机

金属板在修理之前一般都需要先清除油漆层。操作时一般采用圆盘磨光机（图3-39）来进行。在整个修理过程中，从清除油漆到清除金属都需要使用圆盘磨光机，经常使用的是砂轮直径为7英寸①、转速至少为4 000 r/min的磨光机。低速转动的磨光机可用来清除油漆，通常使用粒度为16~60号的砂轮。清除油漆时，最常用的砂轮粒度为16号。粒度为24或36号的砂轮常用来清除金属，而更高粒度的砂轮则用来消除锉平时留下的痕迹或对金属进行抛光。垫块有两种类型，刚性垫块用来清除金属，而较柔软的垫块则用来清除油漆或抛光。较柔软的垫块使砂轮能够随着金属表面的变化而发生滚动。

图3-39　圆盘磨光机

---

① 1英寸（in）= 2.54厘米（cm）。

在单独清除油漆时最好不要用砂纸类型的磨削方式，而应该使用尼龙砂轮盘（图3-40），这样既可以打磨掉漆层，又不会伤害下层金属板。从图3-41中可以看出使用尼龙砂轮盘磨削后的效果。

图3-40　尼龙砂轮盘

图3-41　使用尼龙砂轮盘磨削的效果

砂轮具有两个功能，一个是抛光，用来清除油漆或整平填充物；另一个是横切割，用来清除金属（图3-42）。使用砂轮机时，只有最上端的部分与金属表面相接触，并且不要使压力过大，砂轮机的重量应恰到好处（在垂直的表面上，压力应与砂轮机的重量相等）。应将砂轮机抬起，使砂轮的背面与金属表面形成10°~20°夹角。有时，在尖锐的逆向隆起部位难以使用圆形的砂轮进行操作，因为砂轮的边缘会在金属板被切割处划出一条很深的槽，这时可以切割砂轮片的边缘，使它变成星形砂轮片来进行打磨。

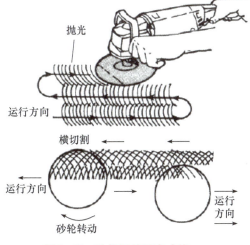

图3-42　砂轮机的两个功能

3.1.3 钣金件变形的矫正方法

通过前面钣金件各种损坏类型的学习，掌握钣金件修理的基本技能后，才能对钣金件的各种变形进行全面的修理。下面介绍各种钣金件变形修复的基本操作方法，维修人员必须不断地进行练习才能够合理地修复各种车身钣金件。

一、敲击修复的基本方法

1. 铁锤的敲击方法

在车身修理中，经常用铁锤敲打金属板，促使金属板表面回弹，这种使用铁锤的方法和钉铁钉所用铁锤的方法是不同的。如果像钉铁钉那样使用铁锤，会给金属板造成更多的损坏。

矫正金属的关键是知道应在什么部位、什么时间，用多大的力敲打多少次。应该按图3-43所示的方法握住铁锤，以下面的两个手指为支点，当锤子从金属表面上弹回时，可以绕着支点做轻微的旋转；其他的手指（包括拇指）将铁锤向下推，用手腕发力（不是手臂发力），使锤做环状运动，应垂直地敲打，并让铁锤从金属表面弹回来。每两次敲击点的间距为9~12mm，直到损坏处得到修复。如图3-44所示，在用钣金锤敲打到金属板上时，锤子的平面应该与金属板的平面一致，否则会对金属板造成损坏。

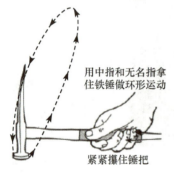

图3-43 操作钣金锤的动作

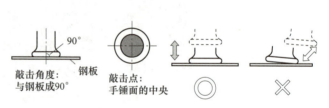

图3-44 钣金锤的正确操作

铁锤的工作面必须与金属板的形状相配合，具有平坦锤面的铁锤适用于平坦的或低隆起的金属表面，凸形工作面的敲击锤适用于敲打内侧的弧形金属面。

重的敲击锤可用来进行大致的修整，但要保证敲击不能加重损坏的程度。

精整锤用于最后的精整修复，精整锤比敲击锤轻，而且通常都带有锤头。精整修复时敲击的要领是快速轻敲，敲击时，锤子也应和金属表面垂直。用铁锤敲打金属表面的棱边将会加重金属的变形。

在敲击金属板以前，一定要清除掉金属板内外表面上的柏油、泥土、内涂层等，确保修理工具能够直接与金属相接触。

2. 铁锤和垫铁的敲击方法

在钣金件凹陷的整个修理过程中都需要使用垫铁。在大致修整阶段，垫铁用作冲击工具，可用垫铁敲击金属的内侧，使低的部位升高，或者使各种折损展开。垫铁还可以作为铁锤的支撑物，将垫铁作为铁锤的支撑物有两种敲击方法：铁锤在垫铁上的敲击法和铁锤不在垫铁上的敲击法。

(1) 铁锤在垫铁上的敲击修理法。

铁锤在垫铁上的敲击修理法适用于修理较小、较浅的凹陷和折损，也可以用这种方法来延伸金属，使其恢复原来的形状。这些情况一般出现在隆起处，偶尔也会出现在平坦的金属板上。为了整平一个折损，可以将垫铁放在金属板的反面折损处的下方，并用铁锤从正面敲击。铁锤对垫铁的敲击将造成垫铁的轻微回弹，同时，垫铁也会从反面敲击金属板。随着垫铁对金属板压力的增大，整平的效果也会更好，如图3-45所示。一定要选择形状合适的垫铁，如图3-46所示，如果垫铁的工作面不符合金属板的形状，其结果必然导致凹陷的增加。垫铁的形状与所接触的平板的平面应该一致。

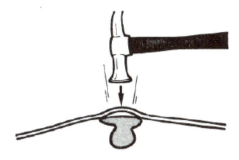

图3-45　铁锤在垫铁上的敲击

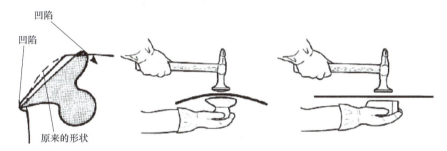

图3-46　敲打时使用合适的垫铁

进行延伸金属板操作时，车身修理人员要先估算出金属板需要的延伸量，然后才可以敲击，否则金属板可能会延伸得太多。在准确判断金属板需要的延伸量时，需要用到丰富的钣金经验，不熟练的车身修理人员不应采用这种修理方法。

铁锤在垫铁上的敲击法实际包含了两个动作，即铁锤敲击金属板和垫铁向上回弹并撞击金属板的内侧。垫铁上面始终有压力，当压力增大时，回弹的幅度加大且速度加快，当进行快速锤击时，垫铁上的压力增加，以保证快速回弹。为了升高凹陷的金属区，必须通过手的动作有意识地将每一次的回弹抬高。

对隆起处的不正确敲击，不仅不能使它延伸，相反还会使它收缩。所有为延伸而进行的敲击必须准确有力，不准确的猛击也会损坏金属。用铁锤轻敲的方法可以进行整平，不可用来延伸。换言之，当采用铁锤在垫铁上敲击时，应重敲而且不能敲到别处。许多隆起部位上的收缩区都可采用铁锤在垫铁上的敲击法来使其恢复到原来的高度。与采用其他方法相比，这种方法最方便迅速。但是，采用铁锤在垫铁上的敲击法时，必须能够接触到金属板的内侧，否则只能使用惯性锤拉伸或填充剂填充。如图3-47所示，受到损坏的金属板已经过大致修整，但是，凹陷卷曲折损处仍然较低（圆形）。由于在这块金属板上的折损处附近没有出现压缩区，故金属板便在A处收缩。将A处升高到与B处同样高度的唯一方法就是拉伸，必须沿着卷曲折损的线进行拉伸。单纯地将凹陷处抬高的方法不能解决这一问题，应该对图中的直线A处折损用铁锤在垫铁上敲击的方法进行矫正。

(2) 铁锤不在垫铁上敲击修理法。

采用铁锤不在垫铁上的敲击法来修整金属板时，将垫铁放在金属板最低处的下面，用铁

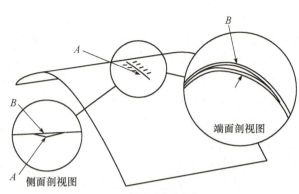

图 3-47　铁锤在垫铁上敲击使收缩区延伸

A：低于正常的高度
B：正常的高度

图 3-48　铁锤不在垫铁上敲击法

锤敲击附近的高处（图 3-48）。在这里，垫铁和铁锤一样，也是用来矫正损坏部位的，它相当于一个冲击工具，只能敲击拉伸区（一般的方法用在金属板的下面时）。

铁锤不在垫铁上的敲击法一般用在平坦或低隆起的金属板上，这些金属板要比高隆起的金属板柔软。有时，虽然垫铁正好在铁锤的下面，但实际上铁锤并没有敲击垫铁。

二、板件凹陷变形的修复方法

1. 用铁锤和垫铁修整板件凹陷变形的方法

对于图 3-49（a）中受损金属上的损伤，可使用铁锤和垫铁，按照金属卷曲损伤发生的相反顺序将其矫正。碰撞点是最先撞击的地方，随着金属被推进，在碰撞点的两边逐渐形成一个凹陷，这个凹陷（中间的凹陷变形类型是凹陷卷曲折损）的中间部位是除碰撞点以外变形最大的地方。离碰撞点越远的地方凹陷变形越浅，在凹陷处的边缘周围形成了箭头形的隆起（单纯的卷曲折损）。凹陷变形的中心处弯曲最严重，离中心处越远变形越小。单纯的卷曲折损和凹陷卷曲折损的部位都产生了加工硬化，弯曲的程度越大，加工硬化的程度越严重。

修理凹陷部位时，按照和碰撞发生时相反的顺序进行，必须从凹陷区域外部开始向内压平，逐渐向凹陷中心处接近。将垫铁紧压在槽的最外端，这里的弯曲程度最轻 [图 3-49（b）]。用一个平面的冲击锤在凹陷处的外端进行轻度到中度的敲击（铁锤在垫铁上敲击）。铁锤上的力迫使凹陷处拉伸，垫铁时产生的压力迫使凹陷变形的端部向上抬起。在凹陷变形的另一端和附近的凹陷处也重复同样的过程 [图 3-49（c）]。

随着凹陷变形部位形状的恢复，压力释放后，周围的弹性金属会返回到它们原来的位置；也可使用垫铁作为敲击的工具，促使凹陷区域内的金属上升，这时需要用垫铁进行更多的敲击，才可将凹陷处的压力释放 [图 3-49（d）]，使凹陷变形恢复形状。

当凹陷变形部位的形状基本恢复以后，再用铁锤在垫铁上敲击的方法轻敲整平 [图 3-49（e）]，这时就可以进行精修整或涂敷填充剂了。

项目三 汽车钣金件的修复与更换

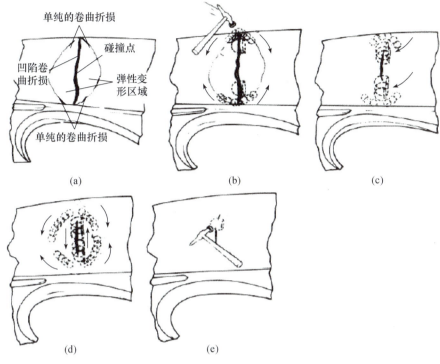

图 3-49 用铁锤和垫铁整修凹陷的步骤

2. 用修平刀修整钣金件凹陷变形的方法

可以将修平刀垫在金属板上,再用铁锤或修平刀敲打(图 3-50),可以增加敲击的效果。车身修理人员常使用一个长的车身修平刀来修理那些铁锤或垫铁难以达到的部位,可以用修平刀对拉伸区施加压力,同时用铁锤敲击压缩区,也就是隆起处。

在大致修整阶段或矫正很深的凹陷时,也可使用修平刀。图 3-51 所示为用一个修平刀修整车门面板的凹陷。用一些木块将车门支撑住,使车门面板保持一定的间隙,以便于移动。操作时不可用力拉伸金属板而使它超出车门原来的形状。使用修平刀或垫铁对凹陷处进行大致修整以后,可以用车身锤对该处进行精修整。

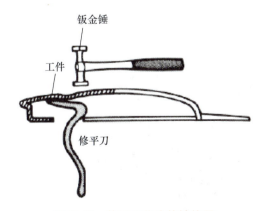

图 3-50 修平刀作为垫铁使用

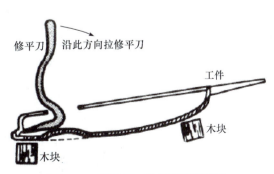

图 3-51 用修平刀修整车门的凹陷

65

3. 用撬棒等工具修整钣金件凹陷变形的方法

金属上凹陷损伤的修复，可以使用撬棒等（如尖锤、加长的尖锐工具、垫铁的边缘、画针等）工具撬起、修复凹陷变形，操作时最好是轻撬几次，效果比重撬一两次要好。修复了某一个部位以后，要用锉刀或砂轮机进行修整。图 3-52 显示了一个凹陷被撬起的过程。由于金属产生了一定的延伸，所以在低点被排除后应锉掉多余的金属。用力锉金属会使它发热，有利于其他部分的收缩而恢复原来的形状。

对于车门上的凹陷变形，可用撬镐插入一个排水孔或门背后的孔内（图 3-53），这样在修理凹陷处时既不需要拆除门内部的装饰物，也不需要在门的外部面板上钻孔。

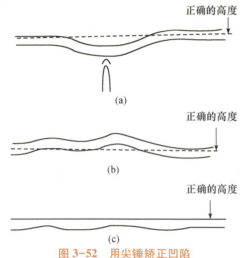

图 3-52 用尖锤矫正凹陷
（a）用顶针顶出凹陷；（b）金属受到拉伸，高出正常位置；（c）锉平金属，恢复原来的高度

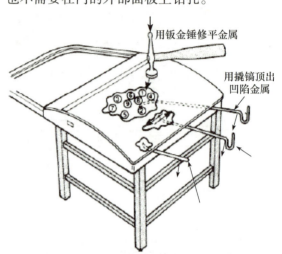

图 3-53 用尖头工具使凹陷部位升高

用尖头工具修理时，注意不可施加太大的压力，以免金属受到拉伸。从原来的接触点也就是最低点开始，缓慢地将折缝修复。对于较大的凹陷，可以不用尖头工具，而改用平面形状的工具敲击。轻敲压缩区使它下降，同时使拉伸区上升。

4. 用焊接介子修整钣金件凹陷变形的方法

在各种拉出凹陷的方法中，一般的方法是在钣金件的凹陷处焊接介子销钉（图 3-54）、垫圈（图 3-55）、三角垫片（图 3-56）等，然后拉伸介子，以达到修复的目的。常规的外形修复机都具有此修复功能。

图 3-54 焊接销钉拉伸凹陷

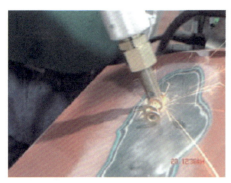

图 3-55 焊接垫圈、拉伸片修复凹陷

图 3-56 三角垫片和焊枪可快速焊接后立即拉伸

对于很难接触到金属板背面的凹陷变形，或者车门上的小范围凹折变形都可以使用此方法进行修复。用专门的点焊机将金属垫圈焊接在凹陷处（图3-57），焊接的时间只需要几百分之一秒。然后，使用凹陷拉出器或动力千斤顶将一个或许多个垫圈向外拔（图3-58）。对凹陷的矫正结束以后，需反复拧垫圈使它与钣金件分离，并打磨到与金属板同样的高度(图3-59)。

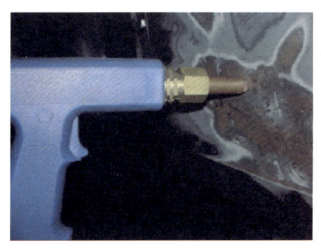

图 3-57 在凹陷处焊接垫圈

图 3-58 拉伸凹陷

图 3-59 使用砂轮打磨到一致高度

使用焊接销钉或垫圈拉出凹陷并处理完毕后，钣金件的背面由于焊接产生的热量会破坏防腐层，所以要进行防腐蚀处理，即在内部喷涂防腐剂，否则一段时间后腐蚀会把薄钢板锈穿，那样就失去修理的价值了。

三、钣金件隆起的收缩修复方法

当金属板受到碰撞时，在直接损坏部位的隆起和折损处的金属容易受到压缩，受到压缩的表面形状将高于原来金属板的表面形状（图3-60），在修理时需要对这些变形进行收缩处理，让超出原来高度的钣金件恢复到原来的形状。

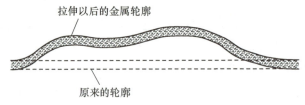

图 3-60 拉伸的金属要采用收缩的方法进行矫正

金属板某一处受到压缩后，它的金属晶粒将互相远离，金属板变薄并存在加工硬化。可采用收缩的方法移动受拉伸的金属晶粒，使其回到原来的位置，从而使金属恢复到原有的形状和厚度，且不会影响周围的未受损伤的金属。在进行金属收缩操作以前，应尽量将损坏部位矫正到原来的形状，这样维修人员才可以准确地判断出损坏部位的金属是否受到压缩。如果存在压缩，则应进行收缩。

金属收缩的方法有两种，对于轻微的隆起变形可使用敲击法进行收缩，对于严重的隆起变形可以使用加热进行收缩。

1. 敲击法进行收缩

（1）用铁锤和垫铁敲击。

用铁锤和垫铁敲击进行收缩时，应该使用铁锤不在垫铁上的敲击法，敲击时铁锤要快速轻敲，沿着隆起表面的最低位置开始敲击，逐步朝着隆起的最高位置进行，要保证每次敲击的都是隆起的最低位置。

（2）用修平刀敲击。

使用时将它紧压在高隆起处或折缝处，然后用一个圆头锤或敲击锤来敲击修平刀（图3-61）。冲击力被修平刀分散在隆起或折缝处一个很大的范围内，这样就减少了金属可能会产生的延伸。在操作过程中始终要压紧修平刀，不能让修平刀弹起，因为修平刀的压力也是矫正力的一部分。通常按照从隆起处的最低点（铰折折损处）到最高点的顺序进行矫正。

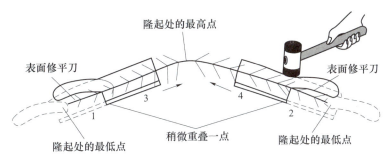

图3-61　用修平刀压紧在隆起处

有时可以用敲击锉来代替铁锤，这时可使用较大的力量来压低敲击锉，一般不会损坏金属板，而且敲击锉可以和垫铁同时使用；也可以用敲击锉来"敲打"隆起的部位，由此而产生的锯齿形表面会使延伸的金属得到收缩。

（3）打褶收缩法。

打褶是处理延伸金属的另一种方法，这种方法是用铁锤和垫铁在延伸区产生一些"褶"，即采用铁锤不在垫铁上的敲击法，用尖锤在延伸部位轻敲（图3-62）。给金属打褶将会使金属表面稍有降低。对于打褶后降低的部位，要用塑料填充剂填平，然后锉平并磨光。

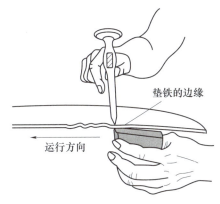

图3-62　用打褶方法收缩

2. 金属的热收缩（加热法进行收缩）

（1）金属热收缩的原理。

我们都知道一根两端都处于自由状态的金属棒，受热时它会膨胀，冷却时回到原来的长度。如果将同一根金属棒的两端都固定住，对它先加热，由于两端不能伸长，故受热部位的直径会增大，如果受热后直径增大的金属棒骤然冷却，增大部分的金属表面被剧冷，增大的变形就会被保留下来，而金属内部降温较缓便产生收缩力使金属收缩变形，结果金属棒尺寸缩短。

钢棒收缩的原理也适用于金属板上变形部位的收缩。将变形区中心的一小块地方加热至暗红色，随着温度的升高，钢板的受热处开始隆起并试图向受热范围以外的地方膨胀。由于受热范围以外的金属既冷又硬，钢板无法膨胀，所以产生了很大的压力载荷，这时继续加热，金属的延伸将集中在柔软的赤热部位，这里的金属被向外推出，使这里变厚并释放了压力载荷。如果处于这种状态的赤热部位受到骤然冷却，金属将会收缩，其内部将产生拉力载荷以抵抗加热时形成的压力载荷。与加热前相比，其表面积将会减小。

（2）金属板热收缩操作。

对金属进行热收缩修理时，一般要使用设备来操作，很多种焊接设备均可用于金属的热收缩，如外形修复机、电阻点焊和气体保护焊接设备上都备有改装成热收缩设备的附件。用焊炬或收缩触头收缩某一部位时，可以对压缩区（即隆起处）的一小块地方加热，使它变成鲜红色，先让延伸区的最高点收缩，然后再让下一个最高点收缩，以此类推，直到整个部位都缩回到原来的位置（图3-63）。

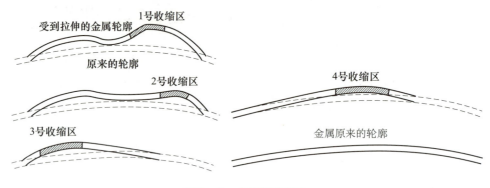

图 3-63 热收缩的顺序

收缩和加热的范围由需要收缩部位的剩余金属数量的多少来决定。收缩范围可以在一元硬币到一枚图钉头的大小之间变动，加热的范围越大，热量越难以控制。一般的收缩范围大约相当于一枚五角硬币的大小。

平坦的金属板上应采用小范围的收缩，因为这样的金属板容易变形，可以采用一个很小的加热点来清除平坦金属板上轻微凸起的地方。但是进行这种操作后，这里会发生凹陷，一旦压力消失，凹陷处将发生回弹。

这里主要介绍用外形修复机进行热收缩。

① 在需要进行热收缩的部位用砂轮清除油漆层。

② 外形修复机的焊枪更换上热收缩电极触头，把外形修复机的搭铁连接到要修复的板件上。

③ 打开并调整外形修复机的电流、时间等参数。

④ 把热收缩电极触头接触到隆起的部位（图3-64），按下开关接通电压，电极通电后在钣金件接触部位由于电阻热而使钣金件变红。

⑤ 待红色消失后，用湿抹布使收缩部位冷却。

⑥ 对要收缩部位进行反复收缩操作，直到隆起部位与周围钣金件高度一致。

⑦ 用电极触头收缩时同样会破坏钣金件背面的防腐层，所以要进行防腐处理。

⑧ 还可以使用修复机配备的碳棒对高出区域进行收缩（图3-65）。用碳棒收缩时不用湿抹布冷却，因为碳棒与金属接触部位的温度不高。

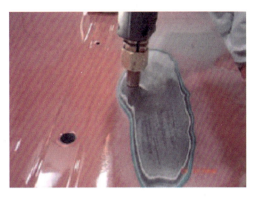

图 3-64 用铜触头对钣金件的高点进行收缩

图 3-65 使用碳棒进行收缩

四、钣金件变形修整后的修平处理

被损坏的部位经过敲击和拉出以及尽可能的修整以后，还要用车身锉来寻找剩余的高点和低点（图 3-66）。

从未损坏区的一边开始锉，然后穿过损坏区，到达未损坏区的另一边。采用这种方法时，可以使损坏区与未损坏区的形状保持一致。在锉的过程中，应该握住手柄向前推，用手握住锉的头部，以便控制压力的大小和方向。每次锉的行程应尽量拉长。在返回的行程中，用手柄将车身锉从金属上拉回。当锉一个很平坦的部位时，将锉与推进方向成30°水平地推，也可将锉平放，沿着30°或斜角的方向推（图 3-67）。在隆起的金属板上，应将锉平放，并沿着原来的凸起

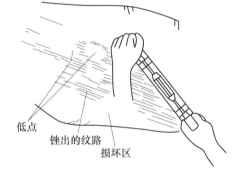

图 3-66 使用车身锉修平

处平推，或者沿着凸起处最平坦的方向平放，以30°或更小的角度向一边推（图 3-68）。

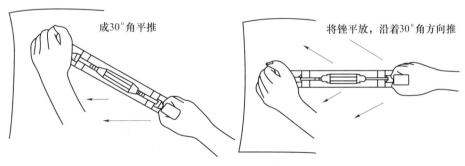

图 3-67 在平坦部位使用车身锉

用车身锉可以找出金属板上所有的低点，然后拉高各个低点，敲平各个高点，再用车身锉寻找。反复进行这一操作，直到消除所有的低点和高点。

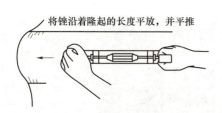
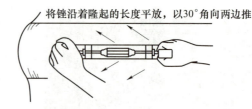

图 3-68 在隆起部位使用车身锉

3.1.4 焊接工艺技术

焊接是对焊件进行局部或整体加热，使焊件产生塑性变化，形成焊件间的原子结合，从而实现永久连接的工艺方式。在严重碰撞的修理工作中，车上很多钣金件都必须进行更换并通过焊接固定，这需要一定的技术和耐心。车辆结构的整体性就取决于焊接和安装技术的好坏。

在项目二中对车身钣金件的连接有过详细的介绍，常见的汽车钣金件的连接方式有机械连接、化学连接和焊接等。而焊接是汽车钣金件修复工作中必不可少的一项工作，它是将多块金属板件加热，使其按照要求的形状熔融到一起。焊接可以分成三大类：

1. 压焊

金属通过电极加热而变软，施加压力后，金属连接到一起。在各种压焊类型中，电阻点焊是汽车制造业中不可或缺的焊接方法，但是在汽车修理行业中应用的少一些。

2. 熔焊

金属板件受热至熔点，连接到一起（通常采用焊条），然后再冷却。

3. 钎焊

需要在焊接的金属件上将熔点比它低的金属熔化（但不需要熔化金属件），根据钎焊材料熔化的温度，钎焊被分成软钎焊和硬钎焊。软钎焊的钎焊材料熔化温度低于 455 ℃，硬钎焊的钎焊材料熔化温度高于 455 ℃。

焊接方式的特点如下：

（1）由于焊接的形状不受限制，故适合于连接整体式车身结构，其焊接后仍可保持车体的完整性。

（2）可减轻重量（不需要增加接合件）。

（3）对空气和水的密封性能好。

（4）生产效率高。

（5）焊接接头的强度受到操作者技术水平的影响比较大。

（6）如果焊接中产生的热量过多，则周围的板件将会变形。

车身组件多由钢板或型钢组成，常用的焊接方法有二氧化碳保护焊、气焊和手动电弧焊及等离子焊接等。但气焊和电弧焊是属于熔化焊接，这两种方法是将金属件加热至高温，直至其熔化，然后再将其连接在一起，经过这两种工艺以后，钢材的强度降为铁材的强度，在下次碰撞时也就不产生保护作用，因此这两种焊接现在已经不提倡使用了。

新的焊接技术和设备已进入车身修理厂，它们取代了曾经流行的电弧焊和氧乙炔焊。其原因是，当今汽车上使用的新型合金钢不能用上述两种方法焊接。熔化极气体保护焊（GMAW）通常又称作熔化极惰性气体保护焊（MIG），在焊接整体式车身上的高强度钢和低合金钢方面比其他方法更具优势。高强度钢和低合金钢多用于车身结构件、加强筋、支架和底座，不用于大型的壁板和外部面板。与传统的焊条电弧焊相比，惰性气体保护焊有许多优点，所以，现在汽车制造商建议不仅将它用在高强度钢构件和整体式车身的修理中，还应用于所有车身结构的碰撞修理。这项建议对于独立的碰撞修理厂也有效。因此本书对在现阶段汽车维修行业使用较少的手动电弧焊和氧乙炔焊不做详细介绍，而对汽车维修企业常用的惰性气体保护焊、电阻点焊以及钎焊重点进行讲解。

一、惰性气体保护焊

现代车身中的纵梁、横梁、立柱等结构件都是应用高强度钢或超高强度钢制造，熔化极惰性气体保护焊（MIG）在焊接整体式车身上的高强度钢板方面比其他常规焊接方法更适合，当今汽车上使用的新型高强度钢不能用氧乙炔焊或电弧焊进行焊接，而广泛应用惰性气体保护焊。

1. 惰性气体保护焊的特点

（1）操作方法容易掌握。操作者只需受到几个小时的指导并经过练习，即可学会并熟练掌握 MIG 设备的使用方法。与高级电焊工采用传统的焊条电弧焊相比，普通的 MIG 焊工都可以做到焊接的质量更高、速度更快、性能更稳定。

（2）MIG 可使焊接板件 100% 地熔化。因此，经 MIG 焊接过的部位可修平或研磨到与板件表面同样的高度（为了美观），而不会降低强度。

（3）在薄的金属上焊接时，可以使用弱电流，预防热量对邻近部位的损害，避免了可能发生的强度降低和变形。

（4）电弧平稳，熔池小，便于控制。确保熔敷金属最多、溅出物最少。

（5）MIG 焊接更适合焊接有缝隙和不吻合的地方。对于若干处缝隙，可迅速地在每个缝隙上点焊，不需要清除熔渣，焊后可以很方便地将这些部位重新上漆。

（6）一般车身钢板都可以用一根通用型的焊丝来焊接。

（7）车身上不同厚度的金属可用相同直径的焊丝来焊接。

（8）MIG 焊机可以方便地控制焊接的温度和焊接的时间。

（9）采用 MIG 焊接，对需要焊接的小区域的加热时间较短，因而减少了板件的疲劳和变形。因为金属熔化的时间极短，所以能够轻松进行立焊和仰焊操作。

汽车制造业现在大量使用高强度钢板，而高强度钢板和其他薄钢板比较好的焊接方法就是 MIG 焊接法，所以现在车身修理中广泛应用惰性气体保护焊（MIG）。在用惰性气体保护焊进行车身修理时，能够达到快速、高质量的焊接要求。

惰性气体保护焊不局限于车身的修理，对于排气结构、各种机械的底座、拖车的牵引装置、载货车的减振装置以及其他可用电弧焊或气焊的地方，都能达到良好的焊接效果。惰性气体保护焊还可用于铸铝件的焊接，如各种破裂的变速箱、气缸头和进气管等。

2. 惰性气体保护焊的原理

惰性气体保护焊使用一根焊丝，焊丝以一定的速度自动进给，在板件和焊丝之间出现电弧，电弧产生的热量使焊丝和板件熔化，将板件熔合连接在一起，这就是惰性气体保护焊的焊接过程（图 3-69）。

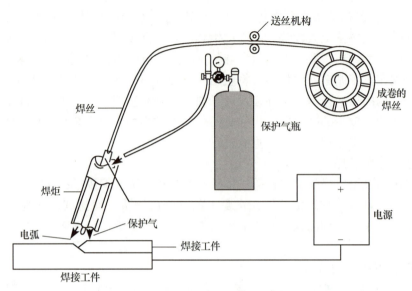

图 3-69 惰性气体保护焊基本原理

在焊接过程中，惰性气体对焊接部位进行保护，以免熔融的板件受到空气的氧化。惰性气体的种类由需要焊接的板件而决定，钢材都用二氧化碳（CO_2）或二氧化碳和氩气的混合气作为保护气体。而对于铝材，则根据铝合金的种类和材料的厚度，分别采用氩气或氩、氮混合气体进行保护。如果在氩气中加入 4%~5% 的氧气作为保护气，则可以焊接不锈钢。

惰性气体保护焊有时又称作二氧化碳保护焊。其实惰性气体保护焊（MIG）应采用完全的惰性气体（例如氩气或氮气）作为保护气体。但实际工作中惰性保护气体常由 25% 的二氧化碳和 75% 的氩气组成。二氧化碳不完全是惰性气体，准确地说二氧化碳保护焊应该称为活性气体保护焊（MAG）。大多数车身修理中都采用二氧化碳或二氧化碳和氩气的混合气作为保护气体，但人们还是习惯用惰性气体保护焊来概括所有的气体保护电弧焊接。许多焊接机都是既可使用二氧化碳（活性气体），又可使用氩气（惰性气体），只需要更换气瓶和调节器就可以了。

一般来说，现代钢制承载式车身钣金件通常采用 0.58 mm 的 MIG 焊丝进行焊接，如果车身更薄、更轻，则可采用更细的焊丝。在分割中等厚度液压成型车架或全周边式车架时，可以采用 0.76 mm 的焊丝。如果焊接的是铝合金车身部件，那么多数维修厂商推荐使用 0.76~0.89 mm 的焊丝。当然，焊接时也需要核对原厂的规范标准。

惰性气体保护焊焊接的工作过程如下：

（1）焊丝在焊接部位经过瞬间的短路、回烧并产生电弧（图 3-70）。

（2）每一次工作循环中都产生一次短路电弧，并从焊丝的端部将微小的一滴液滴转移到熔化的焊接部位。

（3）在焊丝周围有一层气体保护层，它可防止大气的污染并稳定电弧。

（4）连续进给的焊丝与板件相接触而形成短路，电阻使焊丝和焊接部位受热。

（5）随着加热的继续进行，焊丝开始熔化、变细并产生收缩。

（6）收缩部位电阻的增加将加速该处的受热。

项目三 汽车钣金件的修复与更换

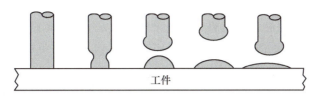

图 3-70 惰性气体保护焊焊丝回烧过程

（7）熔化的收缩部位烧毁，在工件上形成一个熔池并产生电弧。

（8）电弧使熔池变平并回烧焊丝。

（9）当电弧间隙达到最大值时，焊丝开始冷却并重新送丝，更接近工件。

（10）焊丝的端部又开始升温，其温度足以使熔池变平，但还不能够阻止焊丝重新接触工件。因此，电弧熄灭，再次形成短路，上述过程又重新开始。

（11）这种自动循环产生的频率为 50~200 次/s。

3. 惰性气体保护焊焊接设备

如图 3-71 所示的惰性气体保护焊设备，主要由下列基本部分组成：

（1）带有流速调节器的保护气体供应管道，用以防止焊接熔池受到污染（图 3-72）。

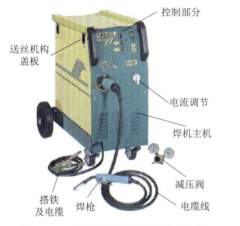

图 3-71 惰性气体保护焊设备构成

图 3-72 带流速调节器的气瓶

（2）送丝装置，对送丝的速度进行控制（图 3-73）。

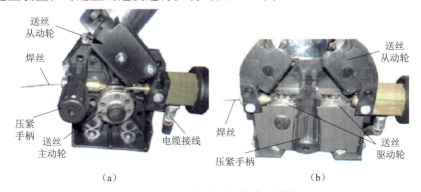

图 3-73 单轮或双轮的送丝装置
(a) 单轮送丝结构；(b) 双轮送挫机构

75

(3)焊丝（图3-74）。车身修理中使用的焊丝的种类是 AWS-70S-6，使用焊丝的直径为 0.6~0.8 mm。目前使用最多的是直径为 0.6 mm 的焊丝，它原先是一种特制的焊丝，现在很容易可以买到。直径很细的焊丝可以在弱电流、低电压条件下使用，这就使进入板件的热量大为减少。

图 3-74 焊丝

(4)焊机电源。电源的核心是变压器，它把 220 V 或 380 V 的电压变成只有 10 V 左右的低电压，同时电流会变得很大。鉴于焊接对电源的要求，必须使用具有稳定电压的电源。用于汽车车身修理的电源比一般工业焊机的要求要高，因为焊接薄金属板时的输出电流、电压要稳定，否则会影响焊接质量。

(5)电缆和搭铁接线装置。焊接的部位要与搭铁接线连接形成电流回路。

(6)焊枪（也称为焊炬）。将焊丝引导至焊接部位（图3-75），在焊枪上有启动开关，焊枪前部主要有喷嘴和导电嘴。

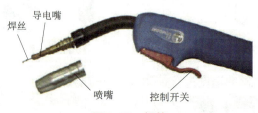

图 3-75 焊枪

(7)保护气。修理车身时，焊接一般用二氧化碳或二氧化碳和氩气的混合气体（气体的比例为：75%的氩、25%的二氧化碳，这种混合气体通常被称为 C-25 气体）来进行保护。采用 CO_2 气体保护可使焊接熔深加大，但是 CO_2 使电弧变得比较粗糙且不够稳定，焊接时的溅出物增加（图3-76）。所以，在较薄的材料上进行焊接时，最好使用 Ar/CO_2 混合气。

(8)控制面板。通过控制面板可进行电压、电流、送丝速度调节，同时可以进行点焊和脉冲点焊功能的控制（图3-77）。

项目三 汽车钣金件的修复与更换

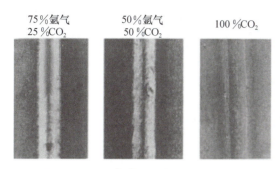

图 3-76 不同气体配比的焊接效果对比

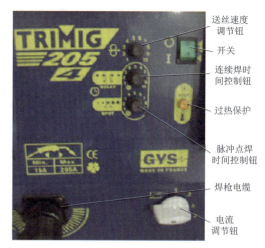

图 3-77 焊机的控制面板

4. 惰性气体保护焊焊机的安装调整方法

（1）按照焊机说明书的规定，将惰性气体保护焊焊机的电缆与电网相连接。

（2）气瓶内有高压，在搬动时要注意不要碰撞气瓶。最好用链条或带子将气瓶固定在底座上，使气瓶和惰性气体保护焊机连接在一起；也可将气瓶安装在墙壁、柱子等处。安装调节器时，一定要遵守安全规则。

（3）将搭铁安放在车身金属件焊接部位附近清洁的表面上，形成一个从焊机到工件，然后再回到焊机的焊接回路。不能将搭铁当作接地装置，焊机应自带地线。

（4）按照设备说明书的规定安装并调整送丝装置中的各元件。对送丝装置的调整通常可按下列步骤进行：

① 安装焊丝。图 3-78 所示为焊丝的安装，应用手将焊丝送进约 300 mm，保证焊丝能够顺利地通过送丝管和焊枪。

② 适当调整送丝轮压力，使焊丝得到足够的推力，能够离开焊丝盘并穿过送丝管及焊枪。确保送丝轮轴槽、焊丝导向装置、送丝管和焊枪的导电嘴的尺寸都与所使用的焊丝的尺寸相一致。调节送丝轮的压力，当焊丝在喷嘴受阻不能进给时，焊丝可以在送丝轮上打滑。但送丝轮的压力不能太大，如果压力过大，焊丝会变形，在送丝管内产生螺旋效应会导致送丝不稳定。

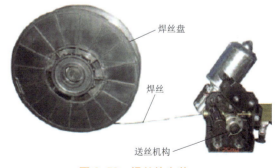

图 3-78 焊丝的安装

5. 惰性气体保护焊焊接参数的调整

修理人员在焊接时，需要对下列参数进行调整（有些参数的数值是可调的）：焊机输入电压、焊接电流、电弧电压、导电嘴到板件的距离、焊炬角、焊接方向、保护气体的流量、焊接速度和送丝速度。大多数制造厂都会提供一份表格，列出了焊机各种参数的调整范围。

（1）焊接电流。

焊接电流的大小会影响板件的焊接熔深、焊丝熔化的速度、电弧的稳定性、焊接溅出物的数量（图3-79）。随着电流强度的增加，焊接熔深、剩余金属的高度和焊缝的宽度也会增大。表3-1给出了不同板厚的材料和不同粗细的焊丝所需要的焊接电流。

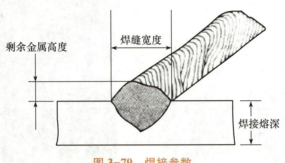

图3-79 焊接参数

表3-1 焊丝直径、金属板厚度和焊接电流之间的关系

焊接电流/A　焊丝直径/in	金属板厚度/in						
	1/64	1/32	<3/64	3/64	1/16	3/32	1/8
1/64	20~30	30~40	40~50	50~60	—	—	—
1/32	—	—	40~50	50~60	60~90	100~120	—
>1/32					60~90	100~120	120~150

（2）电弧电压。

高质量的焊接有赖于适当的电弧长度，而电弧长度是由电弧电压决定的。

电弧电压过高时，电弧的长度增大，焊接熔深减小，焊缝呈扁平状。

电弧电压过低时，电弧的长度减小，焊接熔深增加，焊缝呈狭窄的圆拱状。

由于电弧的长度由电压的高低决定，故电压过高将产生过长的电弧，从而使焊接溅出物增多，而电压过低会导致起弧困难（图3-80）。

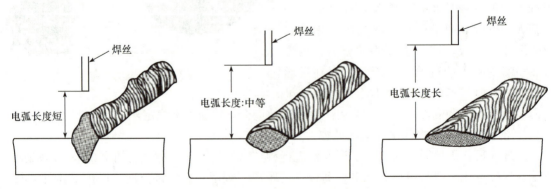

图3-80 不同焊接电压的焊接效果

(3) 导电嘴到板件的距离。

导电嘴到板件的距离是高质量焊接的一项重要因素（图3-81），标准的距离为7~15 mm。如果导电嘴到板件的距离过大，从焊枪端部伸出的焊丝长度增加而产生预热，就会加快焊丝熔化的速度，保护气体所起的作用也会减小；如果导电嘴到板件的距离过小，则将难以进行焊接，并会烧毁导电嘴。

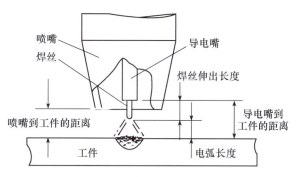

图3-81 导电嘴到母材的距离

(4) 焊接时的焊枪角度。

焊接方法有两种，即正向焊接和逆向焊接（图3-82）。正向焊接的熔深较小且焊缝较平；逆向焊接的熔深较大，并会产生大量的熔敷金属。采用上述两种方法时，焊枪角度都应在10°~30°之间（图3-83）。

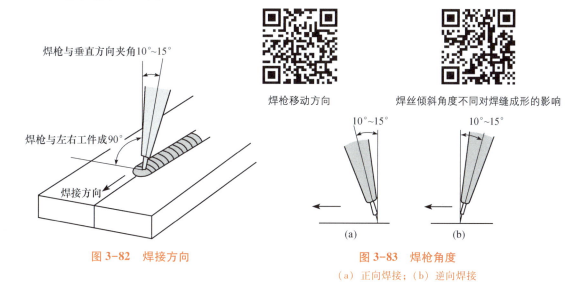

图3-82 焊接方向　　图3-83 焊枪角度
　　　　　　　　　　（a）正向焊接；（b）逆向焊接

(5) 保护气体的流量。

如果保护气体的流量太大，将会形成涡流而降低保护层的效果；如果流出的气体太少，保护层的效果也会降低。应根据喷嘴和板件之间的距离、焊接电流、焊接速度以及焊接环境（焊接部位附近的空气流动）来调整保护气体的流量。

(6) 焊接速度。

焊接时，如果焊枪的移动速度快，焊接熔深和焊缝的宽度都会减小，而且焊缝会变成圆拱形,当焊枪移动速度进一步加快时,将会产生咬边;而焊接速度过低则会产生许多烧穿孔。一般来说,焊接速度由母材的厚度和焊接电压两种因素决定。

(7) 送丝速度。

如果送丝速度太慢,随着焊丝在熔池内熔化并熔敷在焊接部位,将可听到"嘶嘶"声或"啪哒"声,此时产生的视觉信号为反光的亮度增强。当送丝速度较慢时,所形成的焊接接头较平坦。

如果送丝速度太快,则将堵塞电弧,这时焊丝不能充分地熔化,焊丝将熔化成许多金属熔滴并从焊接部位飞走,产生大量飞溅,这时产生的视觉信号为频闪弧光。

在仰焊时,过大的熔池产生的金属熔滴可能会落入导电嘴或进入气体喷嘴,导致喷嘴或导电嘴烧损。仰焊操作时,要采用较快的送丝速度、较短的电弧和较小的金属熔滴,并使电弧和金属熔滴互相接近。将气体喷嘴推向工件,以确保焊丝不会向熔池外移动。如果焊丝向熔池外移动,熔化的焊丝将会产生金属熔滴,直到形成新的熔池来吸收这些熔滴。

一般在焊接中会在气体喷嘴的附近产生氧化物熔渣,必须将它们仔细地清除掉,以免落入喷嘴内部并形成短路。当送丝速度太慢时,还必须清除掉因送丝速度太慢而形成的金属微粒,以免短路。

表3-2概述了几个焊接参数对焊接质量的不同影响,以及为改变各种焊接特性所需进行的调整。

表3-2 焊接参数的调整

可改变的焊接参数	需要进行的调整							
	焊接熔深		熔敷速度		焊缝大小		焊缝宽度	
	增大	减小	增大	减小	增大	减小	增大	减小
电流和送丝速度	增大	减小	增大	减小	增大	减小	无影响	无影响
电压	影响很小	影响很小	无影响	无影响	无影响	无影响	增大	减小
运行速度	影响很小	影响很小	无影响	无影响	减小	增大	增大	减小
焊丝伸出长度	减小	增大	增大	减小	增大	减小	减小	增大
焊丝直径	减小	增大	减小	增大	无影响	无影响	无影响	无影响
保护气体中CO_2的含量	增大	减小	无影响	无影响	无影响	无影响	增大	减小
焊炬角	后退到25°	前进	无影响	无影响	无影响	无影响	后退	前进

(8) 焊枪喷嘴的调整。

焊机的焊枪有两个主要功能:一是提供合适的气体保护;二是给工作部位加压,以防止焊丝移出熔池。

如果绝缘有问题(如喷嘴落入熔滴),应流入焊丝的电流便转移到了气体喷嘴上,引起焊丝的燃烧和飞溅,会将喷嘴烧毁。在脏的或生锈的金属上进行焊接时,会对喷嘴产生严重冲击,应先进行清洁,再进行正常的焊接。在锈蚀的表面进行焊接时,应将送丝速度减慢。

在惰性气体保护焊焊机的几个主要组成部分中,喷嘴最为关键,其次是送丝机构,受到堵塞或损坏的管道将造成送丝速度不稳定,并产生许多金属熔滴,造成气体喷嘴短路。

使用气体喷嘴的注意事项:

① 距离调整。调整导电嘴到喷嘴的距离大约为3 mm,焊丝伸出喷嘴5～8 mm,如图3-84所示。将焊枪的导电嘴放在靠近母材的地方,焊枪开关被接通以后,焊丝开始送

进，同时保护气体也开始流出，焊丝的端部和板件相接触并产生电弧。如果导电嘴和板件之间的距离稍有缩短，将比较容易产生电弧。如果焊丝的端部形成了一个大的圆球，将难以产生电弧，此时应立即用偏嘴钳剪除焊丝端部的圆球（图3-85）。在剪断焊丝端部的圆球时，不可将导电嘴指向操作人员的脸部。

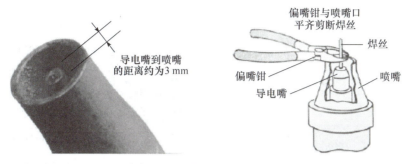

图3-84　喷嘴和导电嘴的调节

② 喷嘴溅出物的处理。如果溅出物黏附于喷嘴的端部，将使保护气体不能顺利流出而影响焊接质量，应迅速清除焊接溅出物。通常可以使用防溅剂来减少粘附于喷嘴端部的溅出物，如图3-86所示。导电嘴上的焊接溅出物还会阻碍焊丝进给，接通送丝开关后，若焊丝无法顺利地通过导电嘴，焊丝就会在焊机内扭曲。用一个合适的工具（例如锉刀）清除掉导电嘴上的溅出物，然后检查焊丝是否能够平稳地流出。

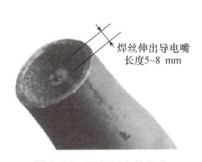

图3-85　焊丝长度的调节　　　　图3-86　在喷嘴喷防溅剂

③ 导电嘴的检查。坏了的导电嘴应及时更换，以确保产生稳定的电弧。为了得到平稳的气流和电弧，应适当拧紧导电嘴，如图3-87所示。

（9）电源的极性调整。

电源的极性对于焊接熔深起着重要的作用。直流电源的连接方式一般为直流反向极性连接，即焊丝为正极、工件为负极。采用这种连接时，焊接熔深最大。

图3-87　导电嘴和喷嘴的检查

如果需焊接的材料非常薄，则应以正向极性连接方式进行焊接，焊丝为负极而工件为正极，且焊接时在焊丝上会产生更多的热量，工件上的焊接熔深较浅。采用正向极性的缺点是：它会产生许多气泡，需要更多的抛光。

6. 焊接用固定夹具

大力钳、C形夹钳、薄板螺钉、定位焊夹具或各种专用夹具（图3-88），都是焊接过程中必不可少的工具。在焊接前要用焊接夹具把所要焊接的部件正确地夹在一起，如图3-89所示。对于无法夹紧的地方，常用锤子和铆钉将两块金属板固定在一起，如图3-90所示。

大力钳的使用

图3-88　焊接夹钳及用法

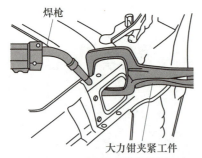

图3-89　焊接夹钳的使用

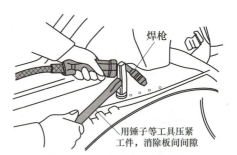

图3-90　焊接前的夹钳定位

在有些情况下，一块金属板的两边不能同时夹紧，这时可采用一种简单的方法，即用一些薄板金属螺钉将两块金属板固定在一起，以便在焊接过程中得到适当的定位。在用薄板金属螺钉将两块金属板固定在一起之前，应在两块金属板上打一些孔，一般将孔打在金属板上离操作者最近的地方。焊接完成后，要对这些孔进行塞焊。在某些情况下，虽然焊接夹具将需要焊接的两块金属板对准了，但是不能保持焊接部位所需要的夹紧力，这时应采用一些其他的夹紧装置来确保两块金属板能够紧密地固定在一起。

7. 惰性气体保护焊的焊接位置

在车身修理时，焊接位置通常由汽车上需要进行焊接部件的位置决定（图3-91），焊接参数的调整也会受到焊接位置的影响。

（1）平焊。平焊一般容易进行，而且它的焊接速度较快，能够得到最好的焊接熔深。对从汽车上拆卸下来的零部件进行焊接时，应尽量将它放在能够进行平焊的位置。

（2）横焊。水平焊缝进行焊接时，应使焊炬向上倾斜，以避免重力对熔池的影响。

（3）立焊。垂直焊缝进行焊接时，最好让电弧从接头的顶部开始，并平稳地向下拉。

项目三 汽车钣金件的修复与更换

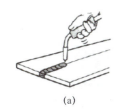
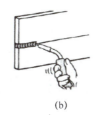
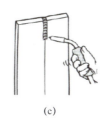

(a)　　　　　　　(b)　　　　　　　(c)　　　　　　　(d)　　焊接位置

图 3-91　各种典型的焊接位置

(a) 平焊；(b) 横焊；(c) 立焊；(d) 仰焊

(4) 仰焊。最难进行的焊接是仰焊。仰焊容易造成熔池过大的危险，而且一些熔融金属会落入喷嘴而引起故障。在进行仰焊时，一定要使用较低的电压，同时还要尽量使用短电弧和小的焊接熔池，且应将喷嘴推向工件，以保证焊丝不会向熔池外移动。最好能够沿着焊缝均匀地拉动焊炬。

在实际的车身焊接操作中，尽量采用平焊或横焊的方式来操作，以达到最好的焊接效果。有时不能进行这两种焊接操作的，只要把焊接部件转换一个角度就可以进行了。

8. 惰性气体保护焊的各种基本焊接方法

(1) 惰性气体保护焊的 6 种基本焊接方法。

① 定位焊。这种方法实际上是一种临时点焊（图 3-92），就是在进行永久性焊接前，用很小的临时点焊来取代定位装置或薄板金属螺钉，对需要焊接的工件进行固定。与定位装置或薄板金属螺钉一样，定位焊是一种临时性的措施，各焊点间的距离大小与板件的厚度有关，一般其距离为板件厚度的 15~30 倍（图 3-93）。定位焊要求板件之间要正确地对准。

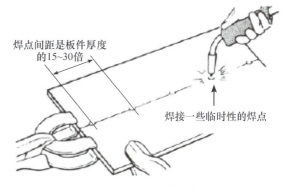

图 3-92　定位焊　　　　　　　图 3-93　定位焊的焊点间距

② 连续焊。焊枪缓慢、稳定地向前运动，形成连续的焊缝（图 3-94）。操作中保持焊枪的稳定进给，以免产生晃动。采用正向焊法时，连续地匀速移动焊炬，并经常观察焊缝。焊炬应倾斜 10°~15°，以便获得最佳形状的焊缝、焊接线和气体保护效果。导电嘴到板件之间应保持适当的距离，焊枪应保持正确的角度。如果不能正常进行焊接，原因可能是焊丝太长。焊丝过长，金属的焊接熔深将会减小。为了得到适当的焊接熔深，以提高焊接质量，应使焊枪靠近板件。平稳、均匀地操纵焊炬，将得到高度和宽度恒定的焊缝，而且焊缝上带有许多均匀、细密的焊波（图 3-95）。

83

图 3-94 连续焊

图 3-95 连续焊的焊缝

③ 塞焊。进行塞焊时（图 3-96），应在外面的一个或若干个板件上打一个孔，电弧穿过此孔进入里面的工件，这个孔被熔化的金属填满（图 3-97），板件被焊接在一起。

图 3-96 塞焊

图 3-97 塞焊的效果

图 3-98 点焊

④ 点焊。当送丝定时脉冲被触发时，将电弧引入被焊的两块金属板（图 3-98），将两层金属板熔化熔合焊接在一起。

惰性气体保护点焊又称作可熔性点焊，因为焊丝在焊接处熔化。可熔性点焊有多种操作方法，在所有的车身部位借助各种喷嘴都可进行可熔性点焊。当对厚度不同的金属进行点焊时，应将较轻的金属焊接到较重的金属上。

与脉冲焊接相比，点焊通常需要较多的热量。在对点焊工艺参数进行调整时，最好借助于金属样品。为了检验点焊的质量，可将焊接在一起的两个样品拉开（高质量的焊接接头会在底层的试样上裂开一个小孔），如果焊接接头很容易被拉开，则应延长焊接时间或提高焊接温度。每完成一次点焊都应断开触发器，然后再将触发器合上，以便进行下一次点焊。惰性气体保护点焊有一个优点，即完成焊接后容易对焊缝的隆起部分进行抛光，而且抛光不会产生任何需要重新填满的凹坑。

脉冲控制使得在金属材料上连续进行的焊缝很少产生烧穿或变形。脉冲控制可按预定的时间启动并停供焊丝，不需要松开触发器；可按操作者的习惯和板件的厚度来调整两次脉冲焊接的时间间隔。

⑤ 搭接点焊。搭接点焊法是将电弧引入下层的金属板，并使熔融金属流入上层金属板的边缘，如图3-99所示。

⑥ 连续点焊。连续点焊就是一系列相连的或重叠的点焊，形成连续的焊缝，如图3-100所示。

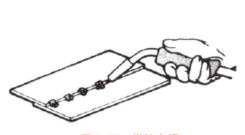

图3-99 搭接点焊

图3-100 连续点焊

（2）车身板件焊接的基本操作方法。

车身修理所用的惰性气体保护焊包括各种对接焊、搭接焊、塞焊和点焊。每种类型的焊缝都可用几种不同的方法进行焊接，主要根据给定的焊接条件和参数来决定采用哪种方法。这些条件与参数包括金属的厚度和状态、被焊接的两个金属工件之间裂缝的数量（如果有裂缝）、焊接位置等。例如，可采用连续焊或连续点焊的方法进行对接焊。在进行永久性的连续焊或连续点焊时，也可以沿着焊缝上的许多不同点进行定位焊，即用这种方法来固定需要焊接的工件。搭接和凸缘连接可采用上述6种焊接技术。

① 对接焊。对接焊是将两个相邻的金属板边缘安装在一起，沿着两个金属板相互配合或对接的边缘进行焊接的一种方法。

a. 连续焊在对接焊中的应用。

进行对接焊时必须注意（尤其是在薄板上），每次焊接的长度最好不超过20 mm。要密切注意金属板的熔化、焊丝和焊缝的连续性（图3-101），还要注意焊丝的端部不可偏离金属板间的对接处。如果焊缝较长，则最好在金属板的若干处先进行定位焊（连续点焊），以防止金属板变形。图3-102显示在焊缝的终点前面距离很近的地方产生电弧，然后立刻将焊枪移动到焊缝的起点处。在焊接过程中，焊缝的宽度和高度将保持一定。

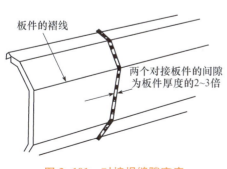

图3-101 对接焊缝隙宽度

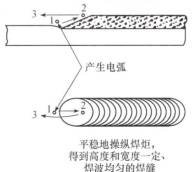

图3-102 连续焊时的焊枪运动轨迹

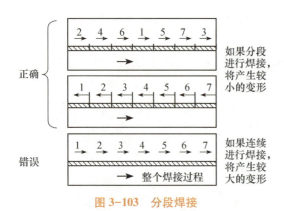

图 3-103 分段焊接

焊接时要采用分段焊接，让某一段区域的对接焊自然冷却后，再进行下一区域的焊接（图 3-103）。

尽管外层低碳钢金属板对接焊的敏感性较小，但焊接时也要分段焊接，以防止由于温度升高而引起弯曲和变形。为了将间隔开的焊缝之间的间隙填满，可先用砂轮磨光机沿着金属板表面进行研磨，然后再将间隙中填满金属（图 3-104）。如果焊缝表面未经研磨便将焊接金属填入，则会产生气泡。

距焊缝不同距离焊件上各点的热循环

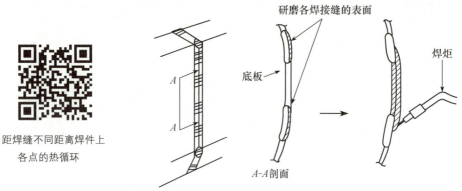

图 3-104 填满隔开的焊缝之间的间隙

在焊接金属薄板时，如果薄板厚度为 0.8 mm 以下，必须采用不连续的焊接（即连续点焊），以防止烧穿薄板。保持适当的焊炬角度，并按正确的顺序操作，便可得到高质量的焊缝。可采用逆向焊法来移动焊炬，这样比较容易对准焊缝（图 3-105）。

图 3-106 显示了安装替换金属板时采用的典型对接焊的过程。如果采用这种焊接方法没有得到预期的效果，其原因可能是导电嘴和板件金属之间的距离过大。焊接熔深随着导电嘴和板件金属之间距离的增大而减小。操作时，试将导电嘴和板件金属之间的距离保持几个不同的值，直至获得理想的焊缝，这时的距离值即为最佳值。

焊枪移动得过快或过慢，都将使焊接质量下降。焊接速度过慢将会造成熔穿；相反，焊接速度过快将使熔深变浅而降低焊接强度。图 3-107（a）~ 图 3-107（c）分别表示焊接速度快速、正常、慢速的焊接效果。

即使在接焊的过程中形成了理想的焊缝，但是如果从金属的边缘处或靠近边缘的地方开始焊接，金属板仍会产生弯曲变形，如图 3-108 所示。因此，为了防止金属板弯曲，应从工件的中心处开始焊接，并经常改变焊接的位置，以便将热量均匀地扩散到板件金属中去。金属板的厚度越小，焊缝的长度应越短。

进行对接焊时，熔深一定要达到焊缝的背部。当对接焊的金属厚度为 1.6 mm 以上时，必须留一个坡口，以确保有足够的熔深。如果实际需要焊接的地方没有坡口，则可在焊缝处磨出一个 V 形坡口，使熔深到达焊缝的背部。

对接焊完成后不需要再加固，因为在加固过的地方会产生应力集中，使加固过的焊缝强度低于未经加固的焊缝强度。

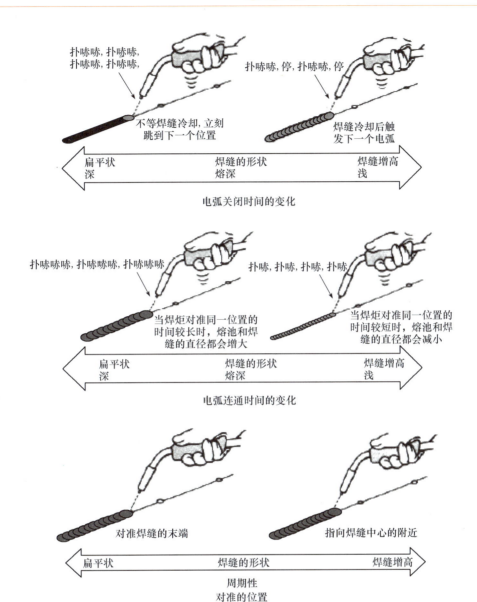

图 3-105 焊接操作

b. 脉冲点焊在对接焊中的使用。

可采用惰性气体保护焊焊机进行脉冲点焊操作。现在大多数车身修理用气体保护焊焊机都带有内部定时器，在一次点焊后便会切断送丝装置并关闭电弧（图 3-109），间隔一定时间后重新进行下一次点焊。间隔时间的设定值取决于工件的厚度。

用气体保护焊焊机进行点焊操作时，最好用一个专用喷嘴（图 3-110）来代替一般的喷嘴。将具有点焊控制、焊接热量及回烧时间控制功能的焊枪安装到位，然后将喷嘴指向焊接部位并启动焊枪。经过很短的时间以后，送丝时间脉冲被触发，焊接电流被接通，与此同时，电弧熔化外层金属并进入内层金属，然后焊枪自动关闭，此时无论将焊枪开关触发多长的时间，都不起作用。但是，如果将触发器松开，然后再次施压，便可得到下一个点焊脉冲。

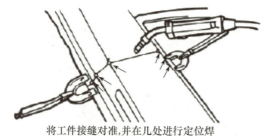

将工件接缝对准,并在几处进行定位焊

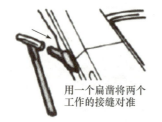

用一个扁凿将两个工作的接缝对准

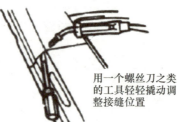

用一个螺丝刀之类的工具轻轻撬动调整接缝位置

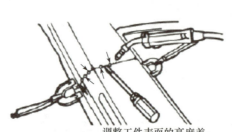

调整工件表面的高度差,并在适当的位置进行定位焊

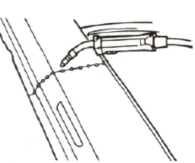

不要一个接一个点地连续焊接,应间歇进行焊接

图 3-106 对接焊的操作方法

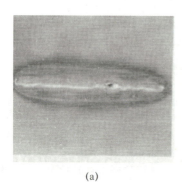

(a)

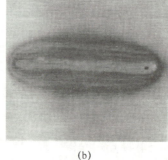

(b)

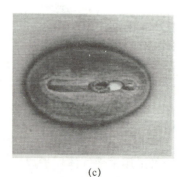

(c)

图 3-107 焊接速度对焊接效果的影响
（a）快速；（b）正常；（c）慢速

由于条件上的差异,难以确定惰性气体保护点焊的质量。因此,在承受载荷的板件上,最好采用塞焊或电阻点焊方式来进行焊接。在焊接各种薄型的非结构性金属板和外壳上的搭接缝与凸缘时,搭接点焊是一种常用且快速有效的方法。这种方法应先设定点焊时间,但要将点焊喷嘴放在外层金属板凸缘的上方,角度大约为 90°,这就使它能同时接触两层金属板,电弧熔入凸缘,然后进入下层金属板（图 3-111）。

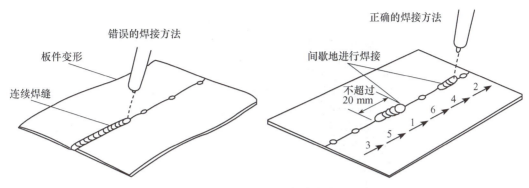

图 3-108 防止金属板弯曲变形

图 3-109 面板上的脉冲点焊控制

图 3-110 专用脉冲点焊喷嘴

图 3-111 脉冲点焊焊接效果

c. 连续脉冲点焊在对接焊中的使用。

气体保护连续点焊使用一般的喷嘴,不使用点焊喷嘴。进行连续点焊时,要将点焊的方法与连续焊的焊炬操作和运行方法结合起来。焊接操作可以看作是焊接—冷却—焊接—冷却的过程,在电弧关闭的时间内,刚才焊接过的部位会稍有冷却并开始凝固,然后再进行下一个部位的焊接。这种间歇方式所产生的变形较小,熔透和烧透的现象较少。连续点焊的这些特征使它适用于薄型装饰性金属板的连续焊接。在图 3-112 中,从左到右焊缝的焊接电流逐渐变大,从图 3-113 中打磨后的效果可以看出,随着电流变大,钢板产生的变形变大。

图 3-112　不同电流的连续点焊

图 3-113　不同电流的点焊效果

连续点焊的间歇式冷却和凝固使它的变形比连续焊接小。对立焊或仰焊缝进行连续点焊时，焊接熔池不会过热而导致熔融金属流淌。

② 搭接焊。搭接焊是在需要连接的几个相互重叠的金属板上表面的棱边处将两个金属表面熔化。这种操作方法与对接焊类似，所不同的是其上表面只有一个棱边。搭接焊只能用于修理原先在制造厂进行过这种焊接的地方，或用于修理外板和非结构性的金属板。当需要焊接的金属多于两层时，不可采用这种方法。搭接焊操作时也要采用对接焊中所采用的温度控制方法，不能连续进行焊接，应按照能使焊接部位自然冷却并预防温度上升的顺序进行焊接。

③ 塞焊。在车身修理中，可采用塞焊来代替汽车制造厂的电阻点焊。塞焊经常用在车身上曾在汽车制造厂进行过电阻点焊的所有地方，它的应用不受限制，而且焊接后的接头具有足够的强度来承受各结构件的载荷。塞焊还可用于装饰性的外部板件和其他金属薄板上。塞焊是点焊的一种形式，它是通过一个孔进行的点焊，即在需要连接的外层板件上钻（或冲）一个孔来进行焊接（图 3-114）。一般结构性板件的孔直径为 8 mm，装饰性板件上孔的直

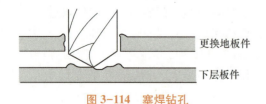

图 3-114　塞焊钻孔

径为 5 mm，在装饰板件上孔太大会使后面的打磨工作量加大；先将两板件紧紧地固定在一起，焊枪和被焊接的表面保持一定的角度，将焊丝放入孔内，短暂地触发电弧，然后断开触发器；熔融金属填满该孔并凝固（图 3-115），一定要让焊接深入到下面的金属板。在金属板下面的半球形隆起表明有适当的焊接熔深。

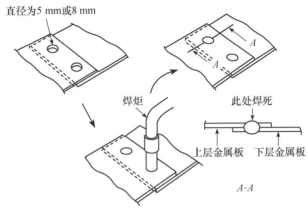

图 3-115 塞焊焊接步骤

间断的塞焊焊接会在金属表面上产生一层氧化物薄膜而形成气泡，如果发生这种情况，可用钢丝刷来清除氧化物薄膜。在进行一个孔的焊点塞焊时要求一次完成，避免二次焊接。

塞焊焊接过的部位应该自然冷却，然后才可以焊接相邻部位，不能用水或压缩空气对焊点周围进行强制冷却。让其缓慢、自然地冷却，可减小金属板的变形，并使金属板保持原有的强度。

塞焊还用于将两个以上的金属板连接在一起。当需要将两个以上的金属板焊接在一起时，应在每一层金属板上冲一个孔（最下面的金属板除外）。每一层附加金属板的塞焊孔直径应小于最上层金属板塞焊孔的直径。采用塞焊法焊接不同厚度的金属板时，应将较薄的金属板放在上面，并在较薄的金属板上冲较大的孔，这样可以保证较厚的金属板能首先熔化。

进行高质量塞焊的要素如下：

a. 调整适当的时间、电流、温度。
b. 把各工件紧密地固定在一起。
c. 焊丝与被焊接的金属相熔。
d. 底层金属应首先熔化。
e. 夹紧装置必须位于焊接位置的附近。

9. 镀锌金属的惰性气体保护焊

对镀锌钢材进行气体保护焊接时，不必将锌清除掉，如果将锌磨掉，则金属的厚度降低，强度也随之降低，该区域也极易受到腐蚀。

焊接镀锌钢材时，应采用较低的焊枪运行速度，这是因为锌蒸气容易上升到电弧的范围内，干扰电弧的稳定性。焊枪运行速度较低，可使锌在焊接熔池的端部烧掉。根据镀锌层的厚度、焊接的类型和焊接的位置来决定焊枪运行速度。

与无镀层的钢相比，镀锌钢材的焊接熔深略浅，所以，对接焊时需要底部的直角边缘间隙稍大。为了防止较宽的间隙造成烧穿或过量的熔深，焊接时，应使焊枪左右摆动。在焊接镀锌钢材时产生的溅出物也比较多，所以应在焊枪喷嘴的内部加上防溅剂，并且应该经常清洁喷嘴。

镀锌钢板焊接时会产生锌蒸气，而锌蒸气有毒，所以应有良好的通风条件，并且在进行焊接操作时操作人员应该戴上供气的防毒面罩。

10. 焊接质量的检查

在每一次焊接的过程中应该经常检查焊接的质量，可以用一些试验板来进行检查。在对汽车上的零部件进行焊接以前，可以先在一些金属板上进行试焊，这些金属板和汽车上需要焊接的零部件的材料相同。焊接这些试验板时，焊机的各项参数要调整适当，这样车身板件的焊接质量就有了保证。试验板的焊接处用錾子断开，以检验焊接的质量。下面是车身修理中常用的搭接焊、对接焊和塞焊焊接质量的检验标准，试验板件的厚度均为 1 mm。

（1）搭焊和对接焊焊疤的测量标准如下：

① 工件正面：最短长度 25 mm，最长长度 38 mm，最小宽度 5 mm，最大宽度 10 mm。

② 工件背面：焊疤宽度 0~5 mm。

③ 对接焊工件夹缝宽度是工件厚度的 2~3 倍。

（2）塞焊焊疤的检测标准如下：

① 工件正面：焊疤直径最小为 10 mm，直径最大为 13 mm。

② 工件背面：焊疤直径为 0~10 mm。

③ 焊疤不允许有孔洞或焊渣等缺陷。

（3）焊件焊疤高度检测标准如下：

焊件正面焊疤最大高度不超过 3 mm，焊件背面焊疤最大高度不超过 1.5 mm。

（4）搭焊和对接焊的焊疤破坏性试验检测标准如下：

搭焊撕裂和对接焊撕裂破坏后的工件上均必须有与焊疤长度相等的孔。

（5）塞焊焊疤的破坏性试验检测标准如下：

塞焊扭曲破坏后的工件上必须有直径不小于 10 mm 的孔。

11. 惰性气体保护焊的焊接缺陷及原因

1）气孔、凹坑

气体进入焊接金属中会产生气孔或凹坑（图 3-116）。产生的原因有：板件上有锈迹或污物；焊丝上有锈迹或水分；保护不当、喷嘴堵塞、焊丝弯曲或气体流量过小；焊接时冷却速度过快；电弧过长；焊丝规格不正确；气体被不适当封闭；焊接表面不干净等。

2）咬边

咬边（图 3-117）是由于过分熔化板件而形成一个凹坑，它使板件的横截面减小，严重降低了焊接部位的强度。产生的原因有：电弧太长；焊枪角度不正确；焊接速度太快；电流太大；焊枪送进太快；焊枪角度不稳定等。

3）不正确熔化

不正确熔化是发生在板件与焊接金属之间（图 3-118），或发生在两种熔敷金属之间的不熔化现象。产生的原因有：焊枪的移动太快；电压过低；焊接部位不干净等。

4）焊瘤

角焊比对接焊更容易产生焊瘤（图 3-119）。焊瘤会引起应力集中而导致过早腐蚀。产生的原因有：焊接速度太慢；电弧太短；焊枪移动太慢；电流太小等。

常见焊接缺陷-焊瘤

常见焊接缺陷-气孔

常见焊接缺陷-咬边

图 3-116 气孔缺陷

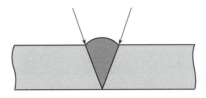
图 3-117 咬边缺陷

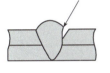
图 3-118 不正确熔化

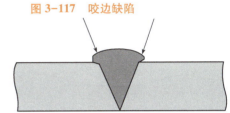
图 3-119 焊瘤

5）熔深不足

此种缺陷是由于金属板熔敷不足而产生的（图3-120）。产生的原因有：电流太小；电弧过长；焊丝端部没有对准两层金属板的对接位置；槽口太小等。

6）焊接溅出物太多

过多的溅出物在焊缝的两边形成许多斑点和凸起（图3-121）。产生的原因有：电弧过长；板件金属生锈；焊枪角度太大等。

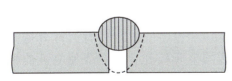
图 3-120 熔深不足

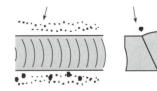
图 3-121 焊接溅出物太多

7）焊缝浅

进行角焊时，在焊缝处容易产生溅出物而且焊缝浅（图3-122）。产生的原因有：电流太大；焊丝规格不正确等。

8）垂直裂纹

裂纹通常只发生在焊缝顶部表面（图3-123）。产生的原因主要是焊缝表面有脏物（油漆、油、锈斑）。

9）焊缝不均匀

焊缝不是均匀的流线型，而是不规则的形状（图3-124）。产生的原因有：焊枪嘴的孔被损坏或变形，焊丝通过焊枪嘴时发生摆动；焊枪不稳定；移动速度不稳等。

10）烧穿

烧穿的焊缝内有许多孔（图3-125）。产生的原因有：焊接电流太大；两块金属之间的坡口太宽；焊枪移动速度太慢；焊枪到板件之间的距离太短等。

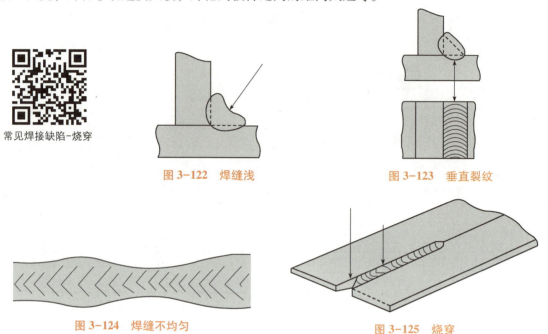

常见焊接缺陷-烧穿

图 3-122　焊缝浅　　　　图 3-123　垂直裂纹

图 3-124　焊缝不均匀　　　图 3-125　烧穿

二、电阻点焊

1. 电阻点焊的特点

电阻点焊是汽车制造厂在流水线上对整体式车身进行焊接时最常用的一种方法，如图3-126所示。在整体式车身上进行的焊接中，有90%~95%都采用电阻点焊。

在修理大量采用高强度钢和超高强度钢的车身时，要求采用电阻点焊机进行焊接修理。这种焊接方式像制造厂进行焊接那样进行点焊连接。在使用点焊设备时，操作者必须选择合适的加长臂和电极，以便到达需要焊接的部位。采用挤压式电阻点焊机进行焊接时，应适当调整对金属板的夹紧力。在一些设备上，可同时调整电流强度和焊接时间，调整完毕后将点焊机定位在需要焊接的金属板处，一定要使电极的极性彼此相反，然后触发开关，开始进行点焊。

电阻点焊在欧洲和日本的整体式车身修理中已使用了30多年，现在越来越多的中国汽车制造厂也指定用电阻点焊来修理焊接他们制造的汽车，故作为一个车身修理人员，有必要掌握电阻点焊的操作方法。

在进行焊接前要先查阅汽车制造厂提供的汽车维修说明书，更换车身上的各种面板和内部板件时，所有焊接接头的大小应和原来制造厂的焊接接头相类似。除电阻点焊外，更换零部件后的焊接接头数量应和原来的焊接接头数量相等。强度和耐久性需要根据焊接到车身上的零部件位置决定。根据部件的功用、物理性能和在车身上的位置等因素，汽车制造厂都规定了修理中各部件最佳的焊接方法。

车身修理所用的电阻点焊机通常是指需要在金属板的两边同时进行焊接的设备（双面

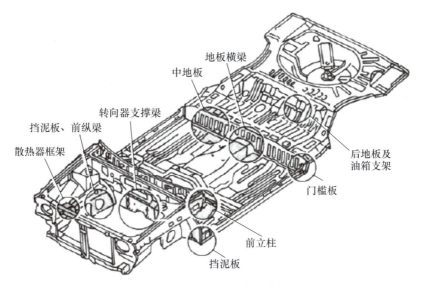

图 3-126　汽车生产过程中电阻点焊的位置

点焊设备），而不是指那种从同一边将两块金属板焊接起来的点焊机（单面点焊设备）。双面点焊用于结构性部件的焊接，而单面点焊的强度比较低，一般只能用于外部装饰性面板的焊接。电阻点焊过程中产生的热量少，对板件的影响小，可以进行快速、高质量的焊接，对操作者要掌握的操作技巧的要求也比较少。

电阻点焊机适用于焊接整体式车身上要求焊接强度好、不变形的薄型零部件，如车顶、窗洞和门洞、车门槛板以及许多外部壁板等部件，如图 3-127 所示。使用电阻点焊机时，修理人员必须知道如何调整焊机，以及如何进行试焊和焊接。

电阻点焊焊接有下列优点：

（1）焊接成本比气体保护焊等低。
（2）没有焊丝、焊条或气体等消耗。
（3）焊接过程中不产生烟或蒸气。
（4）焊接时不需要去除板件上的镀锌层。

图 3-127　电阻点焊操作

（5）焊接接头的外观质量与制造厂的焊接接头完全相同。
（6）不需要对焊缝进行研磨。
（7）速度快。只需 1 s 或更短的时间便可焊接高强度钢、高强度低合金钢或低碳钢。
（8）焊接强度高，受热范围小，金属不易变形。

2. 电阻点焊的焊接原理

电阻点焊是利用低电压、高强度的电流流过夹紧在一起的两块金属板时产生的大量的电阻热，用焊枪（焊炬）电极的挤压力把它们熔合在一起的，如图 3-128 所示。

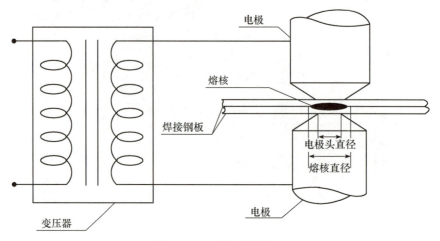

图 3-128　电阻点焊原理

电阻点焊的三个主要参数为电极压力、焊接电流和加压时间。

1）电极压力

两个金属件之间的焊接机械强度与焊枪电极施加在金属板上的力有直接关系。当焊枪电极将金属板挤压到一起时，电流从焊枪电极流入金属板，使金属熔化并熔合。焊枪电极压力太小、电流过大都会产生焊接飞溅物，导致焊接接头强度降低。焊枪电极压力太大会引起焊点过小（图 3-129），并降低焊接部位的机械强度；焊枪电极压力过高会使电极头压入被焊金属软化的部位过深，导致焊接质量降低。

2）焊接电流

一般通过焊点部位的颜色变化就可以判断电流的大小。图 3-130（a）表示出焊接电流正常时焊点中间电极触头接触部分的颜色不会发生变化，与未焊接之前的颜色相同；图 3-130（b）表示出焊接电流大时焊点中间电极触头接触部分的颜色变深，呈蓝色。

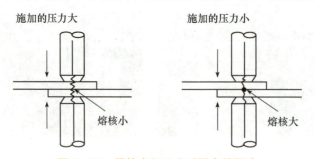

图 3-129　焊枪电极压力对焊点的影响

3）加压时间

电流停止后，焊接部位熔化的金属开始冷却，凝固的金属形成了圆而平的焊点（图 3-131）。焊点施加的压力合适会使焊点的结构非常紧密，有很高的机械强度。加压时间是一个非常重要的因素，时间太短会使金属熔合不够紧密，焊接操作时的加压时间一般应

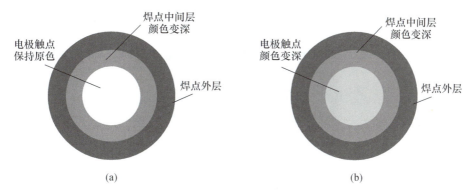

图 3-130 焊接电流影响焊点颜色的变化
(a) 电流正常；(b) 电流过大

不少于焊机说明书上的规定值。

3. 电阻点焊机设备组成

电阻点焊机由变压器、控制器和带有可更换电极臂的焊枪（焊炬）构成（图 3-132）。

1）变压器

变压器将低电流强度的 220 V 或 380 V 车间线路电流转变成低电压（2~5 V）、高电流强度的焊接电流，避免了电击的危险。小型点焊机的变压器可安装在焊炬上，也可安装在远处通过电缆和焊炬相连。安装在焊炬上的变压器的电效率高，变压器和焊炬之间的焊接电流损失很小。焊炬和变压器分离点焊机的变压器功率必须较大，而且要使用较大的线路电流，以补偿连接变压器和焊炬长电缆所造成的电力损失。当使用加长型或宽距离的电极臂时，高强电流会由于电缆线长度增加而降低，可通过调整焊机上的控制器将输出的电流强度调高。

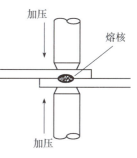

图 3-131 焊接时间

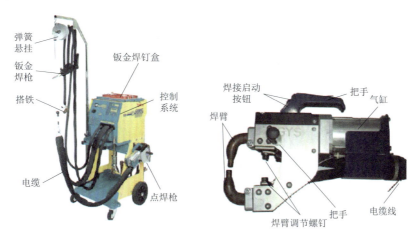

图 3-132 电阻电焊设备和电阻点焊焊炬（枪）

2）焊机控制器

焊机控制器（图 3-133）可调节变压器输出焊接电流的强弱，并可以调节出精确的焊接电流通过的时间。在焊接时间内，焊接电流被接通并通过被焊接的金属板，然后电流被切断。一般车身修理所用的焊接时间最好在 1/6～1 s（10～60 次循环/min）范围内。

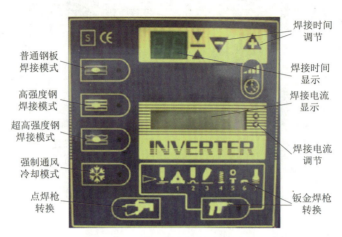

图 3-133　电阻点焊设备控制面板

焊机控制器应能够进行全范围的焊接电流调整。焊接电流的大小由需要焊接的金属板的厚度和电极臂长度来决定。当使用缩短型电极臂时，应减小焊接电流；而当使用加长型或宽距离的电极臂时，应增大焊接电流。

某些电阻点焊机上还带有另外的控制装置，当需要焊接的金属表面上产生了轻微锈蚀时，这种装置可以自动提供电流补偿，以达到良好的焊接质量。

3）焊枪（焊炬）

焊枪通过电极臂向被焊金属施加挤压力，并流入焊接电流。大多数电阻点焊机都带有一个加力机构，可以产生很大的电极压力来稳定焊接质量，如用弹簧的手动夹紧装置或由气缸产生压力的气动夹紧装置。有些小型的挤压型电阻点焊机不具备增力机构，它完全靠操作人员的手来控制压力的大小，因此，它不能用于修理车身结构时的焊接操作。

车身修理所使用的大多数焊枪随着焊臂的加长，焊接压力会减小，焊接质量会下降。当配备 100 mm 或更短的缩短型电极臂时，其最大焊接能力达二层 2.5 mm 厚的钢板。一般要求配有加长型或宽距离电极臂的焊机至少可焊接二层 1 mm 厚的钢板。

用于整体式车身修理的电阻点焊机可带有全范围的可更换电极臂装置（图 3-134），能够焊接车身上各个部位的板件。各种电极臂的选用可以焊接汽车上大多数难以焊接的部位，如轮口边缘、流水槽、后灯孔，以及地板、车门槛板、窗洞、门洞和其他焊接部位。修理人员在修理车身时，应查阅修理手册寻找合适的电极臂，以便对汽车上难以焊接的部位进行焊接。

4. 电阻点焊机的调整

为使点焊部位有足够的强度，在进行操作前应按下列步骤对电阻点焊机进行检查和调整：

1）选择电极臂

应根据需要焊接的部位来选择电极臂（图 3-135）。电极臂的选择原则是多个电极臂都可以焊接某一个部位时，尽量选择最短的电极臂。

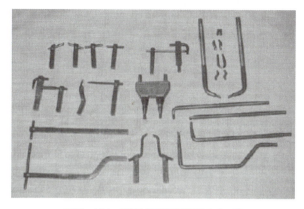

图 3-134 焊接不同位置的电极臂

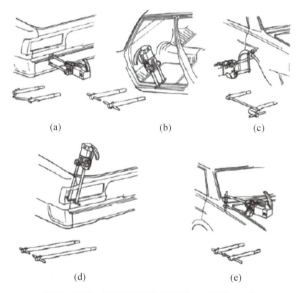

图 3-135 根据不同部位选择不同电极臂

（a）45°电极臂；（b）标准电极臂；（c）用于轮罩的电极臂；（d）长电极臂；（e）旋转电极头

2）调整电极臂

为了获得最大的焊接压力，焊枪的电极臂应尽量缩短（图3-136），要将焊枪电极臂和电极头完全上紧，使它们在工作过程中不能松开。

3）两个电极头的对准

将上、下两个电极头对准在同一条轴线上（图3-137）。电极头对准状况不好将引起加压不充分，会造成电流过小，导致焊接部位的强度降低。

4）选择电极头直径

电极头直径增加，焊点的直径将减小。电极头直径小到一定值以后，焊点的直径将不再增大。必须选择适当的电极头直径（图3-138），以便获得理想的焊接深度。

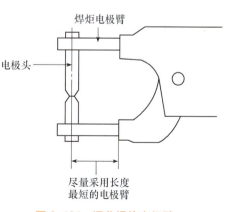

图 3-136 调节焊枪电极臂

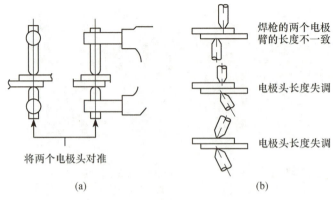

图3-137 电极头的正确调整
(a) 正确；(b) 错误

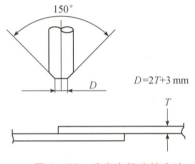

图3-138 确定电极头的方法
D—电极头直径；T—板件厚度

在开始操作前，注意电极头直径是否合适，然后用锉刀将它锉光，以便清除掉电极头表面的燃烧生成物和杂质。当电极头端部的杂质增加时，该处的电阻也随之增加，这将会减小流入母材的电流并减少焊接熔深，导致焊接质量下降。连续焊接一段时间以后，电缆线和电极头端部会因为散热不好而造成过热，这将使电极头端部过早地损坏而增大电阻，并引起焊接电流急剧下降。在使用没有强制冷却（循环水冷却）的电极操作时，可在焊接5~6次让电极头端部冷却后再进行焊接。

如果电极头端部损坏，则要用电极头端部清理工具进行整形，如图3-139所示。

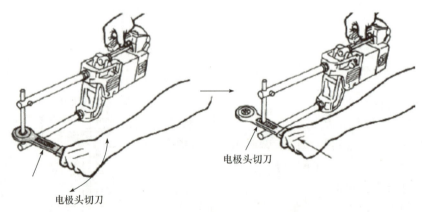

图3-139 用专用工具对电极头端部进行整形

5）调整电流流过的时间

电流流过的时间也和焊点的形成有关。当电流流过的时间延长时，所产生的热量增加，焊点直径和焊接熔深随之增大，焊接部位散发出的热量随着通电时间的延长而增加。经过一定的时间后，焊接温度将不会再增加，即使通电时间超过了这一时间，点焊直径也不会再增大，有可能产生电极端部的压痕和热变形。

许多简单的点焊机都无法调整施加的压力和焊接电流，而且其电流强度值较低。这些焊机在操作时可通过适当延长通电时间（即让低强度的电流流过较长的时间）来保证焊接的强度。

根据金属板的厚度来调节电极臂的长度及焊接时间，一般能得到比较好的焊接效果。如果焊机的说明书上已列有这些数值，最好在调节过后对金属样片进行试焊，然后再通过检验焊接质量来调整焊接参数。

对车身上的防锈钢板进行焊接时，应将焊接普通钢板的电流强度提高10%~20%，以弥补电流强度的损失。一般简单的点焊机如果无法调节电流强度，可适当延长通电时间。一定要将防锈钢材和普通钢材区别开，因为在进行打磨准备焊接时，防锈钢板上的锌保护层不能和油漆一起被清除掉。

5. 影响电阻点焊焊接质量的操作事项

电阻点焊的操作相对比较简单，开始焊接时，修理人员拿起焊枪并将它放在适当的位置，使焊枪的电极与车身上需要焊接的部位相接触。然后触发压力开关，将焊接压力施加到需要焊接的金属板的两边。由于已经给金属板施加并保持了一个压力，故加力机构便激发一个电信号，电信号进入焊机控制器后焊接电流被接通，经过预定的时间后又被切断。由于焊接时间通常都小于1 s，故整个焊接过程进行得很快。

使用电阻点焊机焊接时，除了焊机本身的电流、压力、电极臂等因素影响焊接的质量外，还有下列问题会影响焊接的质量。

1）工件焊接表面的间隙

两个焊接表面之间的任何间隙都会影响电流的通过（图3-140），不消除这些间隙也可进行焊接，但焊接部位将会变小而降低焊接的强度。因此，焊接前要将两个金属表面整平，以消除间隙，且要用一个夹紧装置将两者夹紧。

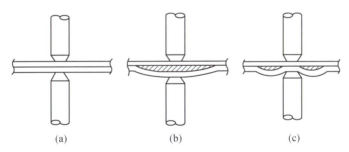

图3-140 焊接表面的间隙
（a）正确；（b）错误；（c）错误

2）工件焊接表面的处理

需要焊接的金属板表面上的油漆层、锈斑、灰尘或其他任何污染物都会减小电流强度而使焊接质量降低，所以要将这些物质从工件的焊接表面上清除掉。

3）工件焊接表面的防锈处理

在需要焊接的金属板表面上涂一层导电系数较高的防锈底漆，必须将防锈底漆均匀地涂在所有裸露金属板上，包括金属板的端面上，如图3-141所示。

4）点焊操作

进行点焊操作时，要做到以下几点：

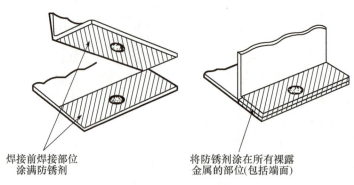

图 3-141 焊接表面防锈处理

（1）尽量采用双面点焊的方法。对于无法进行双面点焊的部位，可采用气体保护焊焊接中的塞焊法来焊接，而不能用单面点焊来焊接结构性板件。

（2）电极和金属板之间的夹角应成 90°。如果这个角度不正确，电流强度便会减小，会降低焊接接头的强度。

（3）当三层或更多层的金属重叠在一起时，应进行两次点焊或加大焊接电流。

5）焊点数量

修理用的电阻点焊机功率一般小于制造厂的点焊机功率。因此，与制造厂的点焊相比，修理中进行点焊时应将焊点数量增加 30%，如图 3-142 所示。

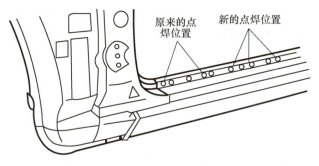

图 3-142 焊点数量

6）最小焊接间距

点焊的强度取决于焊点的间距（两个焊点之间的距离）和边缘距离（焊点到金属板边缘的距离）。两层金属板之间的结合力随着焊接间距的缩小而增大，但当达到一定值时如果再进一步缩小间距，结合力将不再增大，这是因为焊接电流将流向已被焊接过的焊点而产生分流，焊接部位流过的电流变小，焊接强度下降。随着焊点数量的增加，这种往复的分流电流也会增加，而这种分流的电流并不会使原先焊接处的温度升高。

7）焊点到金属板的边缘和端部的距离

焊点到金属板边缘的距离也是由电极头的位置决定的。即使焊接的情况正常，如果到边缘的距离不够大，也会降低焊点的强度。在靠近金属板端部的地方进行焊接时，如果焊点到金属板端部的距离过小，将会降低焊接强度，并引起金属板变形。

8）电流的调整

在电阻点焊焊接时，电流流过第一个和第二个焊点的电流强度不同，特别是在两层板之间有防锈剂导致导电系数降低后，第二点流过的电流会小一些，造成第二个焊点的强度下降，如图3-143（a）所示。如果调大电流后焊接，会造成第一个焊点电流过大，如图3-143（b）所示。因此，应该在正常焊完第一个焊点后，把第二个焊点的电流调大一些，才能得到两个焊接强度一致的焊点，如图3-143（c）所示。

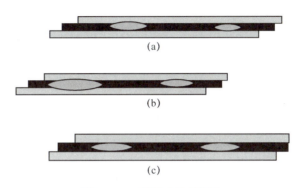

图3-143　焊接电流的调整

9）点焊的顺序

不要只沿着一个方向连续地进行焊接操作，这种方法会使电流产生分流而降低焊接质量。应按图3-144所示的正确顺序进行焊接。但当电极头发热并改变颜色时，应停止焊接使其冷却。

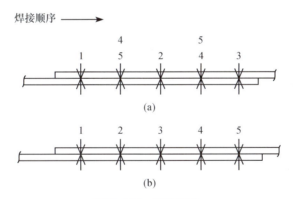

图3-144　焊接顺序
（a）正确；（b）错误

10）角落处的焊接

不要对角落的半径部位进行焊接（图3-145），因为对此部位进行焊接将产生应力集中而导致开裂。焊接下列部位时需要加以注意：

（1）前支柱和中心支柱的顶部角落。

（2）后顶侧板的前上方角落。

（3）前、后车窗角落。

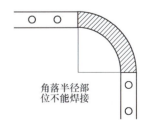

图3-145　焊接角落处的正确方法

6. 电阻点焊焊接质量的检验

焊点质量的检验可采用外观检验（目测）或破坏性试验。破坏性试验用于检验焊接的强度，而外观检验则是通过外观判断焊接质量。

1) 外观检验

除用肉眼看和手摸来检验焊接处的表面粗糙度外，还有下列项目需要检验：

（1）焊接位置。焊点的位置应在板件边缘的中心，不可超过边缘，还要避免在原有的焊接过的焊点位置进行焊接。

（2）焊点的数量。焊点的数量应大于汽车制造厂焊点数量的1.3倍。例如，原来在制造厂点焊的焊点数量为4，4的1.3倍即大约有5个新的修理焊点。

（3）焊点间距。修理时的焊接间距应略小于汽车制造厂的焊接间距，焊点应均匀分布。间距的最小值，以不产生分流电流为原则。

（4）压痕（即电极头压痕）。焊接表面的压痕深度不能超过金属板厚度的一半，电极头不能焊偏产生电极头孔。

（5）气孔。不能有肉眼可以看见的气孔。

（6）溅出物。用手套在焊接表面擦过时，不应被绊住。

2) 破坏性试验

（1）破坏性检验。

取一块与需要焊接的金属板同样材料、同样厚度的试验板件，按图3-146所示的位置进行焊接，然后按图3-146中箭头所指的方向施加力，使焊点处分开，根据焊接处是否整齐地断开，可以判断出焊接质量的好坏。实际进行修理焊接时不能用这种方法来检验，试验的结果只能作为调整焊接参数的参考依据。

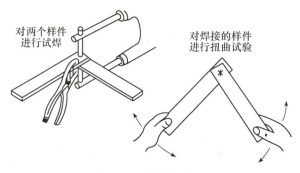

图3-146 扭曲试验

这种试验有两种方法：

① 扭曲试验：扭曲后在其中一片焊片上留下一个与焊点直径相同的孔（图3-147）。如果孔过小或根本就没有孔，则说明焊点的焊接强度太低，需要重新调整焊接参数。

② 撕裂实验：撕裂后在其中一个焊片上留有一个大于焊点直径的孔（图3-148）。如果留下的孔过小或根本没有孔，则说明焊点的焊接强度太低，需要重新调整焊接参数。

（2）非破坏性检验。

在一次点焊完成后，可用錾子和锤子按下述方法检验焊接的质量：

① 将錾子插入焊接的两层金属板之间（图3-149）并轻敲錾子的端部，直到在两层金属板之间形成2~3 mm的间隙（当金属板的厚度大约为1 mm时）。如果此时焊点部位仍保

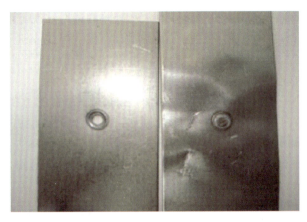

图 3-147　扭曲试验后的效果

图 3-148　撕裂试验后的效果

持正常没有分开，则说明所进行的焊接是成功的。这个间隙值由点焊的位置、凸缘的长度、金属板的厚度、焊接间距和其他因素决定。这里给出的只是参考值。

② 如果两层金属板的厚度不同，则操作时两层金属板之间的间隙限制在 1.5~2 mm。如果进一步凿开金属板，则将会变成破坏性试验。

③ 检验完毕后，一定要将金属板上的变形处修好。

7. 点焊的其他功能

在车身修理中挤压式焊枪的应用最多，而且还配有其他的辅助工具来完成辅助的功能（一般都具有外形修复机的功能），可进行单面点焊，螺钉、垫圈、垫片的焊接，热收缩等操作。

通常尽量采用双面点焊的方法，对于无法进行双面点焊的部位，可采用气体保护焊焊接

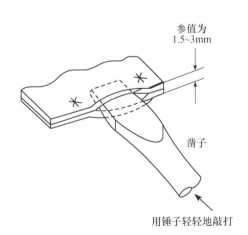

图 3-149　非破坏性试验

中的塞焊法来焊接，而不能用单面点焊来焊接结构性板件。在进行单面点焊焊接操作时，将带有两个电极的焊枪安放在非结构性的板件上，先按照制造厂的规定进行调整，然后将两个电极推向板件，并施加适当的压力，使所有缝隙闭合。按下焊接按钮开关，并一直按到焊接周期自动结束，然后将手指从焊接按钮上松开，再将电极移动到下一个焊接位置。

在进行单面点焊时，还应注意以下几点：

（1）与所有的点焊一样，应彻底清洁焊缝的表面。如果新的替换件上涂有底漆，则要用粗砂纸磨掉金属板两面的底漆，并沿着焊缝打磨。如果金属板上涂的不是底漆而是防锈薄膜，只需用干净的抹布蘸一些溶剂将焊缝的两边擦拭干净即可。

（2）用大力钳将所有的凸缘接头固定在一起。焊接部位应靠近钳口处。

（3）对于搭接接头，可用一些金属薄板螺钉对金属板进行定位，然后进行点焊。注意要除掉接头的油漆等污物才可以进行焊接操作。

（4）在较长的拼接件上进行点焊时，要先从金属板的中间开始，然后沿着一个方向进行焊接。例如，从金属板的中间开始到门柱，然后再从中间开始到后灯部位进行焊接。这样能防止金属板的变形。

（5）要清除新切割的金属板上的毛刺，以确保两层金属板之间能够很好地接触。毛刺和凹痕会使两个相互配合的工件之间产生间隙，妨碍金属之间的可靠接触。

在有些部位还可采用双电极的单面点焊来进行焊接。不管是单电极还是双电极的单面点焊都只能用在非结构性工件的焊接上，不能用于结构性工件的焊接。

对于电阻点焊机所具有的外形修复机的功能，与板件修复中所介绍的外形修复机操作相同，这里就不再赘述。

三、钎焊

1. 钎焊的原理

钎焊只能用在车身密封结构处，在焊接过程中只熔化有色金属（铜、锌等），而不熔化板件（有色金属的熔点低于金属板），如图3-150所示。

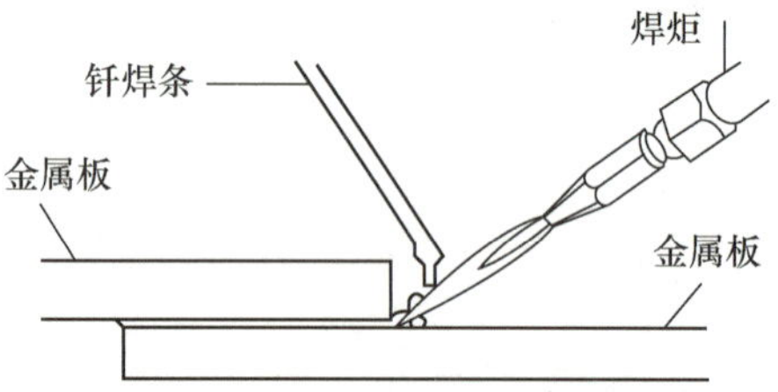

钎焊类似于将两个物体粘在一起，在钎焊过程中，熔化的黄铜充分扩散到两层板件之间，形成牢固的熔合区。由于焊接处强度与熔化黄铜的强度相等，小于板件的强度。因此，只能对制造厂已进行过钎焊的部位进行钎焊，其他地方不可使用钎焊焊接。

图3-150 钎焊的原理

钎焊有两种类型，即软钎焊和硬钎焊（用黄铜或镍），在车身修理中所用的钎焊一般是指硬钎焊。

2. 钎焊的特性

（1）在钎焊过程中，两块板件是在较低的温度下结合在一起的，由于板件不熔化，所以板件产生的变形和应力较小。

（2）由于板件不熔化，所以能够把焊接时不相熔的两种金属结合在一起。

（3）黄铜在熔化后有优异的流动性，它能够顺利地进入板件的狭窄间隙中，很容易填满车身上各焊缝的间隙。

（4）由于板件没有熔化，而只是在金属的表面相结合，所以钎焊接头的强度很低。

（5）钎焊操作过程相对比较简单，操作比较容易。

汽车制造厂使用电弧钎焊将车顶和后顶侧板连接在一起，如图 3-151 所示。电弧钎焊的原理与气体保护焊接相同（图 3-152）。不过电弧钎焊使用氩气来代替惰性气体保护焊接中的 CO_2 或 Ar/CO_2 混合气，还需要专用的钎焊丝。电弧钎焊施加在母材金属上的热量很少，母材的变形或弯曲很小。与黄铜熔敷在母材金属上的钎焊方法相比，电弧钎焊缩短了焊接和抛光的时间。另外，电弧钎焊不会产生有毒物质。

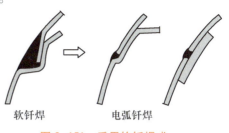

图 3-151 采用软钎焊或电弧钎焊的车身构造

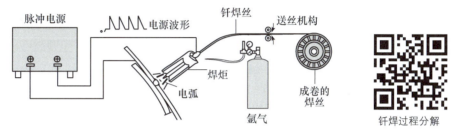

图 3-152 电弧钎焊示意图

3. 钎焊使用的材料

为了提高钎焊材料的焊接性能，如流动性、熔化温度、与板件的相熔性和强度等，钎焊材料都是由两种或两种以上的合金构成的。车身修理所用的钎焊条的主要成分为铜和锌。

4. 钎焊中焊剂的作用

暴露在空气中的金属表面一般都有一层氧化膜，加热会使这层氧化膜变厚。需要钎焊的金属表面上如果有氧化层或粘有外来杂质，钎焊材料就不能和板件充分粘接，而且表面张力将使钎焊材料变成球形，不粘附在板件上（图 3-153）。

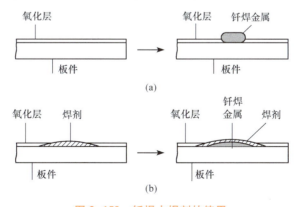

图 3-153 钎焊中焊剂的使用
（a）未使用焊剂的情况；（b）使用焊剂的情况

给板件的表面涂上焊剂后，加热会把焊剂变成液体，变成液体的焊剂会清除金属表面的氧化层（图 3-153）。氧化层被清除后，钎焊材料将粘接在板件上。焊剂还可以预防板件表面进一步氧化,增加板件和钎焊材料之间的粘接强度。

5. 钎焊接头的强度

由于钎焊材料的强度低于板件的强度,故接头的形状和间隙决定了钎焊接头结合的强度。钎焊接头的强度取决于需要连接的两个工件的表面积,因此需要焊接的部件应该尽量加宽搭接接头的宽度。即使同种材料之间的钎焊,钎焊接头也比其他焊接接头的表面积大。图3-154所示为基本的钎焊接头与焊接接头的比较。钎焊焊接中搭接部位的宽度一般应等于或大于金属板厚度的3倍。

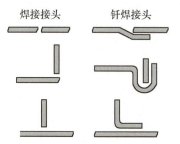

图3-154 焊接接头与钎焊接头

6. 钎焊的操作

(1) 钎焊的操作过程。

① 清洁母材表面。如果板件的表面上粘有氧化物、油、油漆或灰尘,钎焊材料就不能顺利地流到金属表面上。尽管焊剂可以清除氧化层和大部分污染物,但还不足以清除掉所有的污染物,残存在金属表面上的污染物最终还会导致钎焊的失败。所以,在钎焊操作前要用钢丝刷对表面进行机械清洁。

② 施加焊剂。板件被彻底清洁后,在焊接表面均匀地加上焊剂(如果使用带焊剂的钎焊条,就不需要进行该操作)。

③ 对板件加热。将板件的接合处均匀地加热到能够接受钎焊材料的温度;调节焊炬气体的火焰,使它稍微呈现出碳化焰的状态;根据焊剂熔化的状态,推断出钎焊材料熔化的适当温度。如图3-155所示。

④ 对板件进行钎焊。当板件达到适当的温度时,将钎焊材料熔化到板件上,并让其流动,钎焊材料流入板件的所有缝隙后,停止对板件接合处加热,如图3-156所示。

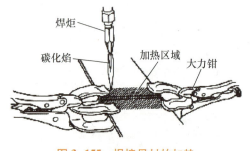

图3-155 焊接母材的加热

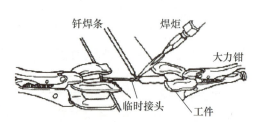

图3-156 钎焊料的涂敷

(2) 钎焊操作的注意事项。

① 为了使钎焊材料能顺畅地流过被加热的表面,必须将整个接合区加热到同样的温度。

② 不能让钎焊材料在板件加热前熔化(以免钎焊材料不与板件粘接)。

③ 如果板件的表面温度太高,则焊剂将不能够达到清洁板件的目的,这将使钎焊的粘接力减小、接头的接合强度降低。

④ 钎焊的温度必须比黄铜的熔点高出30℃~60℃。

⑤ 焊炬喷嘴的尺寸应略大于金属板的厚度。

⑥ 给金属板预热,使硬钎焊得到更高的熔敷效率。

⑦ 钎焊前要用大力钳固定好金属板，防止板件的移动和钎焊部位的开裂。
⑧ 均匀地加热焊接部位，防止板件熔化。
⑨ 需要调整热量时，移开火焰，使钎焊部位短暂地冷却。
⑩ 应尽量缩短钎焊的时间（以免降低钎焊的强度）。

7. 钎焊后的处理

钎焊部位充分冷却以后，用水冲洗掉剩余的焊剂残渣，并用硬的钢丝刷擦净金属表面。焊剂可用砂轮或尖锐的工具清除，如果没有完全清除掉剩余的焊剂残渣，油漆就不能很好地粘附，而且接头处还可能产生腐蚀和裂纹。

8. 软钎焊的操作过程

软钎焊不能用来加固金属板上的接头，而只能用于最终的精加工，例如矫正金属板表面或修正焊接接头的表面。由于软钎焊具有"毛细现象"，故可产生极好的密封效果。

在对一个接头进行软钎焊以前，应先将接合处及其周围的油漆、锈斑、油和其他外来杂质清除掉。软钎焊的过程如下：

（1）对需要进行软钎焊的表面加热（加热后用一块布擦净）。
（2）充分摇晃焊膏，然后用刷子将它涂在金属的表面上（所涂的面积应比需要钎焊的面积宽 12~25 mm）。
（3）保持一定的距离进行加热。
（4）按照从中心到边缘的顺序擦掉焊膏。
（5）钎焊部位会呈现出银灰色（如果为浅蓝色，表明加热温度过高）。
（6）如果焊接的部位未被焊上，则应涂上焊膏重新钎焊。

进行软钎焊时，应注意以下几点：

（1）最好使用专用焊炬进行软钎焊。
（2）钎料所含的锌不少于13%。
（3）保持适当的温度。移动焊炬，使火焰均匀地加热整个需要钎焊的部位（不能只在某一点加热）。当钎料开始熔化时，移开火焰并用刮刀进行修整。
（4）当需要另涂钎料时，必须对原先涂上的钎料重新进行加热。

3.2　项目实施

 项目实施目标

- 掌握车身钣金件损坏的类型
- 能够简要分析钢板受到碰撞后产生的变形
- 能够使用手动工具矫正钣金件
- 能够使用一般的机械设备矫正钣金件
- 能够识别焊接的类型，知道常见焊接操作的安全规程
- 掌握惰性气体保护焊的操作技术

项目实施条件

- 宽敞明亮的车间（有通风装置和动力源）
- 钣金锤、垫铁等整平工具
- 钣金整平机
- 零件车
- 操作台
- 矫正台
- 待修复的轿车
- 气体保护焊机等
- 砂轮机、气动锯等

 项目实施步骤

- 矫正整平前翼子板
- 矫正纵梁及轮罩等
- 安装和调试翼子板、散热器框架等
- 矫正车门槛板及门柱
- 安装和调试车门
- 更换后围板
- 矫正后纵梁及后底板
- 拆除需更换的后翼子板
- 安装和调试后翼子板的更换件
- 焊接、打磨翼子板与车身连接部位

3.2.1 任务一：前部车身钣金件的修复与更换

前部碰撞损坏的车辆大体分正面对正碰撞损坏和正面偏心撞击损坏，即前部全部受损和前部一侧受损。这里对常见的前部一侧受损案例说明修复方法。

一、前翼子板

（1）用拉伸工具矫正翼子板的整体变形，拉伸时用手锤轻轻敲击翼子板上的压缩区，如图 3-157 所示。

（2）用冲击锤和垫铁修复大的凹陷及灯口附近的撕裂，恢复原有的型线，如图 3-158 所示。

（3）对齐后的撕裂口用气焊或气体保护焊焊接，焊接时先将裂口的起点暂焊一点，再由裂口的终点开始焊到裂口的起点。如裂口较长（大于 5 cm），则可先定位焊接再分段焊接，如图 3-159 所示。

（4）焊后对焊缝用垫铁冲击锤敲击消除应力，然后磨掉多余的焊料。

（5）用气焊或碳棒对延展区域进行收缩作业，注意用气焊不要加热过度，锤击整平要轻，如图 3-160 所示。

图 3-157　用拉伸工具矫正前翼子板

图 3-158　恢复型线

图 3-159　焊接裂口

图 3-160　气焊收缩作业

（6）用粗砂纸对损坏处进行打磨并触摸检验（图 3-161），对小的缺陷用精修锤整平（图 3-162）。

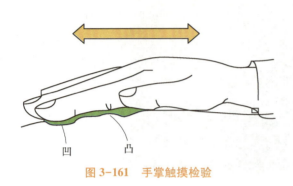

图 3-161 手掌触摸检验

图 3-162 精修锤整平

(7) 在翼子板内侧涂层破损处喷涂防腐胶或防腐漆,如图 3-163 所示。

图 3-163 喷防腐漆

二、纵梁(矫正)

(1) 将车辆摆放在矫正台上用夹具固定,夹具尽量要固定在厂家推荐的车辆举升支座或底槛裙边上,如图 3-164 所示。

图 3-164 矫正台夹具夹紧车辆

(2) 测量纵梁长、宽、高方向数据,与厂家给定的标准数据对比,得出各个方向变形的大小。测量时至少要找两个以上的基准点作参照物,如图 3-165 所示。

(3) 在纵梁的端部夹紧夹钳,操作牵引拉塔向纵梁受冲击相反的方向水平拉拔,如弯曲处硬度较大,则可在弯曲处添加侧面辅助牵引力。拉伸时要根据需要不断调整拉伸力方向,拉伸顺序应为先长度方向,再左右(扭曲)方向,最后是高度方向,如图 3-166 所示。

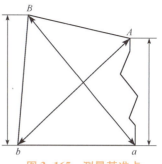

图 3-165 测量基准点

图 3-166 矫正纵梁

(4) 拉伸力要逐渐加大,同时用手锤敲击弯曲变形区及溃缩区释放应力,拉伸过程中测量数据要大于标准数据,测量最终矫正结果要完全放松牵引,如图 3-167 所示。

(5) 与纵梁关联的前轮罩的变形最好和纵梁同时矫正,若单独矫正则要先纵梁再轮罩,而且要一点点反复进行,如图 3-168 所示。

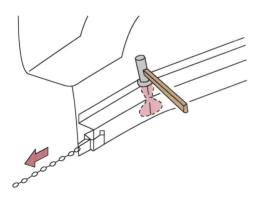

图 3-167 拉伸方法

图 3-168 轮罩矫正

（6）最后拉拔或支撑垂直方向的偏差，如图 3-169 所示。

（7）两侧的纵梁全部矫正后安装副车架及前横梁进行检验，纵梁凹陷处可在凹陷对面挖孔平整。

（8）注意每一次拉伸后都要检查夹具固定情况；要拉伸、测量反复进行，不可急于求成，造成拉伸过度或二次损坏。

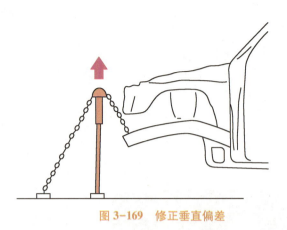

图 3-169　修正垂直偏差

三、散热器框架、前杠（更换件）

纵梁及轮罩等矫正符合标准后，开始安装和调整前部钣金覆盖件。

（1）安装前翼子板。前翼子板与前车门的缝隙两侧相同并且与车身其他板块间的缝隙大体相同，前翼子板与车门缝隙之间的高度应持平，如图 3-170 所示。

（2）安装前机器盖。安装时前机器盖的后端两角到两前立柱的距离应相等，前机器盖的前端两侧与两前翼子板前端对齐，前机器盖与前翼子板的缝隙均匀，符合原车标准。

（3）安装散热器框架及前机器盖锁。散热器框架的中心与前机器盖锁的碰撞器应对正，安装后查看前机器盖锁开启是否流畅，前机器盖应与两侧前翼子板的高度平齐，如图 3-171 所示。

图 3-170　安装前翼子板

图 3-171　安装散热器框架及前机器盖锁

（4）安装检验前大灯、保险杠等。

每一步的矫正安装调试都不是孤立存在的，而是相互配合的，有时可能要经过反复的矫正调试才能完成，每一步的遗漏缺陷在后面的环节会显现出来，因此矫正安装都要按标准数据规范进行。

3.2.2 任务二：侧部车身钣金件的修复与更换

一、底槛的修复

（1）将车辆固定在矫正台上，在中部凹陷变形严重处焊接一 10 cm 宽的铁板。

（2）测量底槛长度，长度缩短较大的先在变形底槛前后施加牵引，然后在底槛焊接拉铁处慢慢拉伸，前后拉伸和中部拉伸交替进行，同时用手锤垫木料敲击底槛内侧及压缩区（图 3-172），长度恢复正常后，单独使用中部牵引将底槛上其他较大的凹陷、棱线拉出。因底槛较薄，故要时刻监测拉伸力不可过大。

（3）底槛上小的凹陷用钣金修复机拉平（图 3-173），拉伸时配合整平小锤轻敲周围压缩区，不可一次用力过猛造成局部凸起或拉穿钢板（图 3-174）。

图 3-172 用木槌敲击底槛内侧压缩区

图 3-173 底槛小型凹陷拉平

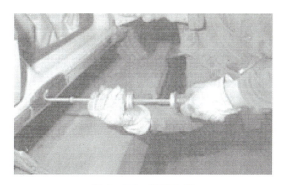

图 3-174 拉平底槛

（4）对拉拔的凸起用铜棒进行收缩，用砂磨机磨平变形部位，在底槛内侧喷涂防腐胶，如图 3-175 所示。

图 3-175 对拉拔的凸起做整平

二、两侧车门的更换

（1）测量门框和支柱的变形情况，在矫正台上对变形进行拉伸，同时使用液压千斤顶在内部支撑，直至恢复标准数据，如图3-176所示。

（2）安装后门，安装时与后翼子板的缝隙均匀平齐，缝隙宽度符合原车标准。缝隙不均、缝隙两侧高度不同，可通过锤击车门铰链底座调整，如图3-177所示。

图3-176 用工具在内部支撑

图3-177 调整车门缝隙

（3）安装前门，前门安装要参照后车门，如前车门与后车门间缝隙良好而与前翼子板缝隙间高低不平，可通过调整前翼子板解决，若高度差较大，则可调整前门铰链后再轻微扭转前门，车门的扭转要在公差范围内。

（4）安装门锁及密封条，车门开启、关闭灵活，不卡滞，各个部件间缝隙均匀、型线平直，如图3-178所示。

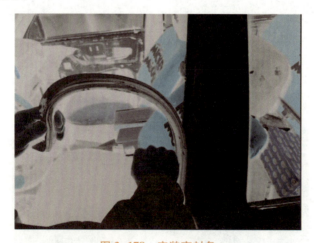

图3-178 安装密封条

3.2.3 任务三：后部车身钣金件的修复与更换

一、更换后围板和后杠

（1）先将损坏的后围板大体矫正，以消除其关联件的应力。

（2）用电钻钻掉后围板与车身连接电阻点焊焊点，钻焊点时钻透更换件层即可，如找不到连接焊点,则可用铲刀、打磨机等将连接处的涂层及密封胶去除,如图3-179所示。非电阻点焊焊接可用切割工具切断。

(3) 用錾子铲断钻过的点焊焊点,錾切时要不断变换錾子的角度,以防止破坏需要保留的相关板件,如图3-180所示。

(4) 拆下后围板后用锤子垫铁修整与后围板关联部位,再用砂轮磨掉连接处的焊料和毛刺等。

图3-179 去除电阻点焊焊点

(5) 安装新的后围板并用夹具固定,安装行李舱盖锁,关闭行李舱盖并查看和调整各部位缝隙,直至符合要求,如图3-181所示。

图3-180 用錾子处理点焊点

图3-181 调整行李舱缝隙

(6) 试验安装尾灯及后保险杠,调整符合要求后拆下,如图3-182所示。

(7) 用电钻在后围与车身连接处钻两个以上直径M6的定位孔。

(8) 拆下后围板更换件。用电钻选M6钻头在后围板更换件上钻塞焊孔,塞焊处为原车电阻点焊连接处,塞焊孔要尽量错开原车的点焊点,塞焊孔距离与原车相同,如图3-183所示。

图3-182 安装尾灯

图3-183 钻塞焊孔

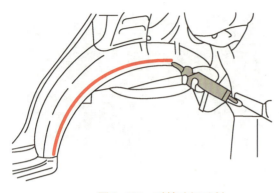

图 3-184 对钻孔打毛刺

(9) 打磨掉钻孔的毛刺，搭接处涂抹防腐胶（错开塞焊孔），如图 3-184 所示。

(10) 按定位孔安装后围板更换件并用夹具或螺丝固定，用保护焊焊接塞焊孔，塞焊孔处两板件间贴合紧密并用夹具固定，焊接时要分区域焊接，穿透孔可在背面用铜棒等堵住进行焊接。塞焊连接以外的连接用与原车相同的方式固定。

(11) 卸下夹具，用锤子垫铁在焊点及焊接处轻轻敲击一遍消除焊接应力及变形，用砂轮打磨掉焊接处多余的焊料，外表可见处要打磨到涂装要求，如图 3-185 所示。

图 3-185 用砂轮去除多余的焊料

(12) 在连接处涂抹防腐密封胶。

二、后底板和后纵梁

(1) 将车辆固定在矫正台上，用上述方法取下后围板，选基准点测量变形情况并与标准数据对比。

(2) 在损坏后纵梁的后端安装夹具或焊接拉铁并水平拉伸，拉伸方向与碰撞力方向相反，拉伸时用手锤垫木料敲击变形区域，如图 3-186 所示。

(3) 要边拉伸边测量以防过度拉伸，大体成形后根据变形情况及时调整拉伸方向并根据需要添加辅助拉伸力，如图 3-187 所示。

(4) 一般情况下后底板会随着后纵梁的拉伸基本恢复原形，若变形严重，则可将后底板与后纵梁部分分离，分别矫正整平后再按原位置焊接。

(5) 用整平锤和垫铁修整与后围板相连部分，用砂轮磨掉连接处多余的焊料和毛刺。

图 3-186 拉伸后纵梁

图 3-187 调整辅助拉伸力

三、后翼子板

（1）将车辆固定，在后翼子板损坏处安装拉伸夹具，向碰撞力相反方向拉伸，直至翼子板大体恢复原形。注意即使是更换板块也要先进行拉伸矫正，使关联部件变形基本矫正，消除碰撞所致应力。

（2）用电钻钻掉后翼子板与车身连接电阻点焊焊点（图 3-188），钻时钻透一层即可，若找不到焊点，则可用铲刀、打磨机等将连接处的涂层及密封胶去除（图 3-189）。

图 3-188 去除电阻点焊焊点

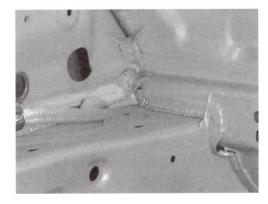

图 3-189 去除密封胶

（3）用錾子铲断钻过的点焊焊点，注意保护需要保留的相关板件。

（4）选择截断部位，截断位置尽量要满足便于焊接、平整、板件完好无应力集中等条件，并且保证后翼子板的更换件有足够的尺寸。

（5）用砂轮割片或气动锯等进行留有余量（40 mm）的粗切割。

（6）取下损坏的后翼子板，用锤子垫铁修整后翼子板关联部件及内部的加强部件，变形大的可继续拉伸矫正，如图 3-190 所示。

图 3-190 摘下损坏的后翼子板

(7) 选择后翼子板更换件的截断部位，与车身截断部位相同，然后用切割工具进行切割，如图 3-191 所示。

(8) 将后翼子板更换件试验安装，查看其与后门及行李舱盖的缝隙，调试合适后用夹具固定，安装尾灯、后保险杠等，并调试符合标准，在接口重叠处用划针在原件上划线，如图 3-192 所示。

图 3-191　选择后翼子板更换件的截断部位

图 3-192　试验安装后翼子板

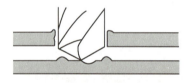

图 3-193　钻塞焊孔

(9) 取下后翼子板更换件，在车身划线处沿线用气动锯切割掉先前留下的余量。用 M5 或 M6 钻头在后翼子板更换件上原电阻点焊处钻塞焊孔，塞焊孔要尽量错开原车的点焊焊点，塞焊孔距离与原车相同，如图 3-193 所示。

(10) 用锉修磨掉切割口及塞焊孔的毛刺，对车身上损坏处及更换件搭接处做防腐、防锈处理，防腐处理要错开塞焊口处。

(11) 安装后翼子板的更换件，两板件的接口要平齐，接口的缝隙与板厚大体相同。在后翼子板更换件与车门、行李舱盖等各部分缝隙合适后用夹具或螺丝钉固定。

(12) 焊接塞焊处，焊接时塞焊孔用加力钳夹紧贴合，可采用隔一孔一焊的间隔焊接法焊接后再重复一遍的方法，也可分区域间歇焊接。焊接过程中要监测各缝隙变化，焊后用锤子垫铁轻轻锤击一遍，如图 3-194 所示。

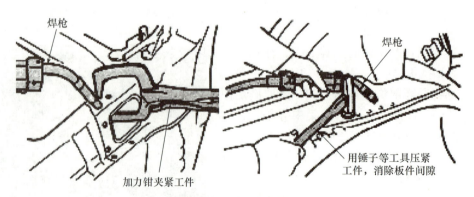

图 3-194　焊接塞焊孔

（13）焊接对接口。去除对接口附近涂层，先进行定位焊，然后分段进行不连续焊接，不平处及时修整，焊后用锤子垫垫铁或撬板轻轻锤击，以消除焊接应力（图3-195）。

（14）用砂轮机修磨焊缝及塞焊点（图3-196），外表可见处要修磨至与焊道附近持平，达到涂装要求（图3-197）。

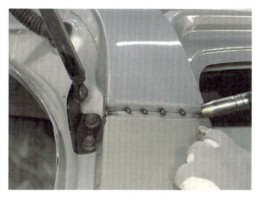

图3-195　焊接对接口

图3-196　修磨焊缝及塞焊点

（15）对焊接处背面及中空处喷涂防腐剂，与后围板连接及后轮罩处涂抹密封胶，如图3-198所示。

图3-197　修整后与焊道持平

图3-198　喷防腐剂

3.2.4　拓展知识：车身维修的安全知识

一、车身修补安全的意义

汽车修补喷漆在汽车服务领域中占有重要的地位。但是一些维修人员只注重喷漆技术和维修质量的提高，对自身的安全防护往往容易忽视。即使是大规模的修理厂，也普遍存在安全防护措施缺乏的现象。在任何修理厂首先应该考虑的是工作安全和事故预防，事故能引起人身伤害甚至死亡，所以强调防护来保证维修人员的安全是维修厂管理人员和维修人员共同的责任。在喷漆车间工作，经常会受到有害气体和粉尘的危害，例如喷漆时飞散的油漆、打磨腻子时飞散的腻子粉尘，以及各种溶剂散发的刺激性气味。而且由于工序上的原因，喷漆车间往往是和钣金车间连在一起的，钣金车间操作各种机械时发出的强烈的噪声也会对维修人员造成一定的危害。

为了尽可能使喷漆维修人员在一个安全的环境内工作，喷漆人员采取安全防护措施是非常必要的，即使在通风良好的烤漆房内或进行短暂的喷漆工作也需要佩戴呼吸保护装置。

油漆中的化学物质对人体各个系统均会造成一定程度的影响。油漆中的颗粒物会进入肺部引起气喘，并阻碍血液和氧的交换；异氰酸酯成分会使咽喉发干，引起头痛；溶剂会损害肝脏和神经系统。异氰酸酯和溶剂不仅能被呼吸器官吸收，也可以被皮肤、眼睛以及头发吸收，然后传递到血液中去。

油漆、腻子等化学品对人体的危害会逐渐积累起来，虽然有些危害短期内不会有症状表现出来，但是经过长时间的积累，表现出来的症状就会非常严重，而且一般无法治愈。因此与损失的健康相比，使用呼吸保护装置等防护措施永远是廉价的，而且是非常必要的。

喷漆工作中时刻要注意自身的安全防护，安全防护措施不仅需要硬件上的支持，例如良好的工作环境和维修设备，更需要维修厂的管理人员和维修人员充分认识到安全防护的重要性。

1. 环境控制

环境控制中很重要的内容应该是通风。在使用油漆、稀释剂以及腻子等化学品时，适当的通风是非常重要的，通常采用换气扇等换气系统强制通风。特别是喷漆车间需要充分换气，这样不仅可以加速漆面的干燥，也可以除去有害混合物和气体。如果条件允许，最好在具有强制换气扇的烤漆房或无尘车间内喷漆。

2. 使用先进的工具设备

图 3-199 呼吸器的应用

先进的喷漆设备可以有效地降低化学物质对操作者的危害。例如，高质量的喷枪可以增加油漆到达喷涂表面的数量，减少散落在空气中的油漆颗粒；无尘干磨设备可以使腻子打磨造成的粉尘降到最低，减少了操作者呼吸系统吸入粉尘的概率。

3. 使用防护装置

防护装置可以有效地保护维修人员，使油漆、稀释剂等化学物质对维修人员的呼吸系统和身体皮肤等造成的危害尽可能降低。

呼吸系统的保护装置主要有三种，包括供气式呼吸保护器、滤筒式呼吸保护器以及防尘呼吸保护器，如图 3-199 所示。

二、车身维修人员身体安全与防护

1. 头部的保护

应防止头发被灰尘和油漆污染，在工作场地应尽量戴着帽子，如果头发被污染应及时清理。

2. 眼睛的保护

在喷漆车间的任何位置总可能有飞来的灰尘、微粒或液体进入眼中，特别是在打磨腻子或使用电动砂轮剥离旧漆面时，要防止飞溅的金属碎末伤害到眼睛，此时必须佩戴安全镜。

3. 身体的保护

肥大或敞开的工作服在车间内是很危险的，工作中接触到油漆或溶剂的衣服要经常换洗，如图 3-200 所示。

图 3-200 焊接工作服

4. 手的保护

为防止油漆和溶剂对手上皮肤的伤害或通过手部皮肤进入体内，可以戴上手套，接触化学物质后应及时清洗。

5. 腿脚的保护

穿着有金属鞋尖内衬和防滑鞋底的工作鞋，很多布面鞋在重物落下时并不能提供有效的保护，如图 3-201 所示。

图 3-201 腿脚的保护

个人的安全防护装置、良好的工作环境和完善的安全措施对汽车修补漆人员的健康起到了重要的作用，在进行喷漆作业之前，用一些时间进行适当的准备不仅可以避免很多事故的发生，而且可以提高工作效率和维修质量。

三、工具设备安全操作

在车身修理时会用到大量的手动、电动、气动工具和矫正设备，在使用每一件工具前要充分了解使用方法、安全提示及操作规程，避免产生危险。

1. 手动工具的安全操作

（1）请勿将手动工具做任何非设计规定的用途。如不要对锉或旋具进行敲击，否则工具可能会断裂并造成人身伤害。

（2）手动工具应保持清洁和良好的工作状况。工具粘满润滑脂、机油后容易从手中滑脱，可能造成关节挫伤或手指折断。工具使用完毕、收拾起来前应将其擦拭干净。

（3）扳手操作时用拉而不是推的动作，否则如果扳手从紧固件上意外滑脱，手就会被撞伤。如果不得不采用推的动作，则应伸开五指，用手掌推动。

（4）不要同时打开多个工具柜抽屉。盛满工具的工具柜非常重，容易造成工具柜倾翻，在打开新抽屉前要关闭前一个抽屉。

（5）手动工具在使用前应检查是否存在裂纹、碎片、毛刺、断齿或其他的情况。如果工具存在问题，要修理或更换后再使用。

（6）在使用锋利或带尖的工具时应特别当心。例如，凿子和冲子应正确研磨，保持锋利。凿子的刃应该锋利而且是方正的，长时间使用后，凿子和冲子的头部会变形或变大。利用砂轮机消除工具头部的变形部位，重新修整倒角（带锥度边）。

（7）在进行其他操作时不要把旋具、冲子或其他尖锐的手动工具放到口袋里，可能会刺伤自己或损坏车辆。

（8）将所有的零件和工具整齐、正确地存放在指定位置，保证其他工作人员不会被绊倒，同时还会缩短寻找零件或工具的时间。

（9）不要把车底躺板放到地面上，不用时应将其竖起，防止有人踩在车底躺板上摔倒受伤。

2. 工具和设备的安全操作

（1）在使用动力工具前要安装好动力工具的护具。在对工具进行修理和维护之前，先将工具的空气软管或电源线断开。

（2）动力工具使用时不要超出其额定功率。如砂轮通常有每分钟的最大转数（r/min），操作时应确保动力工具未超出砂轮、刷子或其他工具的转速极限，否则砂轮或刷子可能会炸开，将砂轮碎块或钢丝甩出，造成人员、物品的损伤。

（3）当用工具进行研磨修整时，应慢慢研磨，避免工具表面硬化、金属过热。当研磨金属呈现蓝色时，会产生过多的热量，使得工具表面硬化层从金属上脱落，并会软化工具的金属部分。

（4）在用动力设备对小零件进行操作时，不要一手持零件、一手持工具操作，否则零件容易滑脱，造成手部的严重伤害。在进行研磨、钻孔、打磨时，一定要使用夹紧钳或台钳来固定小零件。

（5）在车身修理中要经常使用液压装置，在使用液压机时，应确保施加的液压是安全的。在操作液压机时要站在侧面，一定要戴上全尺寸面罩，防止零件飞出造成伤害。

（6）焊接用的气瓶要固定牢靠，防止摔倒产生危险。使用完毕后应关上气瓶顶部的主气阀，避免气体泄漏流失或爆炸。

3. 压缩空气的安全操作

（1）在车身维修中经常要使用压缩空气，各种气动工具、气动液压装置和喷涂等都使用压缩空气。车间内的气源通常为 0.5~0.8 MPa。气动工具都有压缩空气的极限警示。

（2）用压缩空气进行清洁工作时，压力值应保持在 0.5 MPa 以下。在清洁车门、立柱和其他难以够到的位置时，要戴上护目镜和防尘口罩。

（3）不要用压缩空气来清洁衣物。压缩空气不能直接对着皮肤吹，即使在较低的压力下,压缩空气也能使灰尘粒子嵌入皮肤,可能会造成发炎。

4. 车辆举升机的安全操作

(1) 在使用举升机之前一定要先阅读说明书。参阅具体车辆的维修信息,找出推荐的车辆举升点位置,如图 3-202 所示。

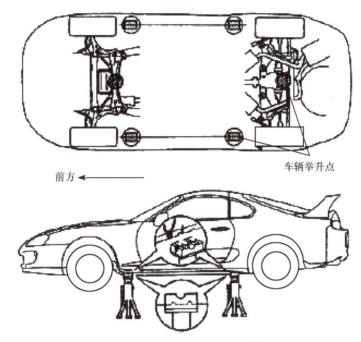

图 3-202 举升车辆时要找到车辆的举升位置

车辆举升点是为安全升起车辆设计的,举升机举升垫和移动式千斤顶应准确放置在举升点位置。车辆的中心在靠近举升机的中心,以免车辆失衡落下。

(2) 慢慢升起举升机,车辆升高大约 150 mm 时停止举升,晃动车辆,确认车辆在举升机上是平衡的。如果听到异响,则表明车辆可能没有正确支撑,应降下车辆并重新对正车辆和举升垫。

(3) 将车辆完全举起后,举升机的安全钩锁住后才能在车底作业,即使举升机液压系统失效了,安全钩也能保证举升机和车辆不会落下。

(4) 车辆举升时车内不能有人员乘坐。

5. 移动式千斤顶和支撑架的安全操作

(1) 修理人员在工作中经常用移动式千斤顶抬起车辆的前部、侧面或后部。如图 3-203 所示,为了避免车辆损坏,千斤顶的鞍座应放置在建议的举升点处(纵梁、夹紧焊缝、悬架臂或后桥)。如果鞍座位置摆放不正确,则可能会使车底的部件凹下或损坏。

(2) 顺时针转动千斤顶手柄时关闭升起鞍座的液压阀,然后上下压动手柄,缓慢升起车辆。车辆升到足够高度后,用支撑架进行支撑固定。

(3) 车辆升起后,将车辆落到支撑架上。车辆置于驻车位,然后拉紧紧急制动器并用木块塞住车轮。在用支撑架支撑车辆时,不要摇晃车辆。

(4) 将车辆从千斤顶上放下来时,应逆时针慢慢转动手柄将车辆缓慢降下,防止车辆猛然降落,造成损伤。

（5）在车底作业时，要用支撑架将车辆支撑住，而不能单靠液压千斤顶支撑，它们用来升起车辆，而不是用来支撑车辆。

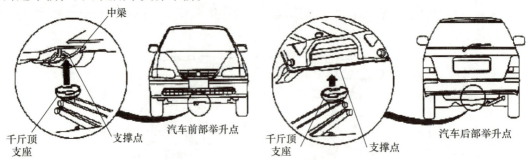

图 3-203　移动式千斤顶的使用

项目四　汽车漆面修复

项目说明

学员接到一个维修项目,要求对一辆前翼子板出现划痕的轿车进行漆面的修复工作,经询问察看后得知,该车在行驶中与别的车辆发生小剐蹭,致使该车出现划痕且已经漏出底漆。通过该项目的实施,使学员学会配色的相关知识,掌握漆面修复工具设备的使用技能,具备独立解决小型漆面缺陷的能力。

 ## 4.1　基本知识

4.1.1　涂料与调色理论

一、涂料的基本知识

1. 汽车涂料的发展历史与趋势

在1924年前,所有涂装工作都是使用油制涂料,就是把烟尘、轻煤或其他颜料与树脂混合,这类涂料需要一个月时间才可以完成涂装工作。第二次世界大战前,硝基漆替代了油制涂料,硝基漆最大的好处是干燥快、使用简单(图4-1)。

图4-1　涂料的演变

第二次世界大战后,醇酸合成树脂的油漆也开始广泛使用,这种油漆的特点是覆盖性良好,不需要抛光也可以得到良好的光泽,而且耐天气的性能非常好。

单组分的丙烯风干漆在20世纪70年代前也相当受喷漆工人所喜爱,它不但干燥快、使用简单,而且光泽和耐天气性能都比硝基漆好。

127

20世纪70年代也是汽车维修油漆一个重大发展的年代,双组分的聚氨基丙烯油漆使汽车维修喷漆起了重大的变化,无论是在喷漆设备、工艺还是效果方面都有了一大突破,也成为汽车维修喷漆的主要材料。它的光泽、耐天气性能与原厂汽车生产的油漆极为相似,在欧洲,这类油漆差不多占有了整个市场。

随着欧洲及美洲意识到大量溶剂排放对生态的影响,水性油漆应用的要求越来越大,通过立法和控制,溶剂性油漆的用量在未来会逐渐减少,而水溶性的漆料将会代替溶剂性的漆料。

油漆的发展日新月异,作为汽车漆面修补的维修人员,不仅要懂得如何使用现有的油漆,同时也要洞悉油漆的发展趋势,以提高自己的竞争力。

2. 涂料的基本知识

涂料是一种含颜料或不含颜料的有机分子胶体的混合物溶液或粉末。涂料涂装在物体的表面上能结成较为牢固的膜层,通常被称为油漆。

涂装的目的:保护的作用,美观的作用,识别的作用。

下面介绍一些基本术语。

(1)腐蚀。

当金属和周围介质接触时,由于发生化学作用或电化学作用而引起的材料性能的退化与破坏,叫作金属的腐蚀。

(2)电镀。

电镀是利用电解原理将一种金属或多种金属镀到另一种金属表面上的过程。

(3)涂装。

涂装是在金属的表面均匀喷涂上防腐材料和油漆的过程,作用有防腐和装饰。

(4)油漆(涂料)。

涂料是一种流动状态或粉末状态的有机物质,将其涂布在物体表面上能干燥固化形成一层薄膜,均匀地覆盖和良好地附着在物体表面。涂料由4部分组成:树脂(成膜物质)、颜料、溶剂和添加剂(图4-2)。涂料的分类方法很多,按照用途分为木器涂料、建筑涂料、工业涂料等;按照工序可分为底漆、腻子、二道漆、面漆;按照涂料专用效果则可以分为绝缘漆、防腐漆等。

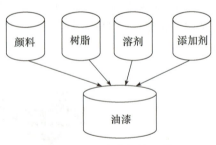

图4-2 油漆涂料的组成

① 树脂:树脂是形成漆膜的主要物质成分,它决定了漆膜的主要性能(表4-1)。它在涂料储存期间内性能稳定,不发生明显的物理或化学变化。在施工后,树脂和颜料一起形成固化漆膜。树脂一般为天然油脂、天然树脂和合成树脂。

表4-1 组成涂料的主要成分

序号	树脂类别	主要成膜特质
1	油脂	天然植物油、鱼油、合成油等
2	天然树脂	松香及其衍生物、虫胶、乳酪素、动物胶、大漆等
3	酚醛树脂	酚醛树脂、改性酚醛树脂、二甲苯树脂

续表

序号	树脂类别	主要成膜特质
4	沥青	天然沥青、煤焦沥青、硬质酸沥青、石油沥青
5	醇酸树脂	甘油醇树脂、季茂四醇及其他醇类的醇酸树脂等
6	氨基树脂	脲醛树脂、三聚氰胺甲醛树脂
7	硝基纤维树脂	硝基纤维素、改性硝基纤维素
8	纤维酯	乙酸纤维、苄基纤维、乙基纤维、乙酸丁酸纤维等
9	过氯乙烯树脂	过氯乙烯树脂、改性过氯乙烯树脂
10	烯类树脂	烯类聚合物树脂、含氟树脂、石油树脂等
11	丙烯酸树脂	丙烯酸树脂、丙烯酸共聚树脂及其改性树脂
12	聚酯树脂	饱和聚酯树脂、不饱和聚酯树脂
13	环氧树脂	环氧树脂、改性环氧树脂
14	聚氨基甲酸酯	聚氨基甲酸酯
15	元素有机聚合物	有机硅、有机钛、有机铝
16	橡胶	天然橡胶及其衍生物、合成橡胶及其衍生物
17	其他	以上16类以外的成膜特质，如无机高分子材料等

② 颜料：颜料是涂料固化成膜的另一个主要成分，颜料呈现颜色，遮盖底层是它的基本功能。除此以外，在某些特定要求下，颜料具有防腐、防污、增强机械性能、提高耐久性或其他功能。

③ 溶剂：它溶解成膜物质，并将涂料黏度降低，使其适合于施工操作。溶剂的性能可以通过以下几个方面进行评价：溶解能力、挥发速率、折光指数、闪点和毒性。常用的溶剂有信那水。

④ 添加剂：助剂在涂料中的含量很少，但是它在涂料中对改善涂料的性能、保证涂装品质起着重要的作用。它有以下几个品种：催干剂、防霉剂、固化剂、紫外线吸收剂、悬浮剂、流平剂、柔软剂和消光剂等。

a. 催干剂：这是一种能够加速漆膜干燥的物质，对于干性油膜的吸氧、聚合起着类似催化的作用。

b. 固化剂：固化剂是在涂装修补中最常用的辅助材料，有的也可以作为成膜物质。它与涂料中的树脂混合后进行固化交联反应，或引发树脂进行固化反应。

c. 流平剂：一般为一些高沸点溶剂，在喷涂施工后，低沸点溶剂挥发，高沸点溶剂滞留于油漆涂膜内，延长漆膜润湿时间，促使漆膜舒展平整。

(5) 涂料的命名。

可用下列公式表示：

涂料的命名=颜色或颜料的名称+成膜物质的名称+基本名称

例如：铁红醇酸底漆、白丙烯酸磁漆等。

（6）涂料的代号。

随着越来越多的国际品牌的汽车进入国内市场，汽车涂料的代号也随之发生了很多变化，很多厂家的相同涂料采用不同的代号。这需要漆面修复人员在工作中针对不同车型来选用供应商提供的不同代号的涂料。

（7）涂层。

涂层是将底漆、腻子、面漆、罩光漆按照一定的比例和顺序喷涂在汽车金属表面的一系列工作。在汽车漆面修复作业中，各种不同的车辆涂层的类别不一样，有着不同的分级标准和技术要求，一般可分为装饰性涂层和保护性涂层。

（8）底漆。

油漆系统的第一层，喷涂在底材表面，可提高面漆的附着力。喷涂时要考虑到底材的处理、耐水性、工具的施工性能等。

（9）原子灰（腻子）。

腻子是在成膜物质（树脂）中加入适量的颜料、催干剂和溶剂调制而成的一种厚浆状物质，具有容易干燥、涂施方便、干后坚硬、能耐砂磨等特点。腻子的主要作用是改善车身构件表面的平整度，使涂层表面光滑。合理使用腻子是汽车涂装修复作业一项非常重要的工作。

腻子是中间涂层，要求其与底漆面漆有很好的结合力和配套性，以及良好的干磨性能。漆面修复人员应按照供应商提供的汽车漆面修复资料的标准来选用腻子。

在腻子与面漆之间的涂层可称为中间层涂料，它主要包括二道底漆和封闭底漆，用于填补腻子上细小缺陷、道痕。

（10）面漆。

面漆是汽车涂装工序中最后一个工作，它的各项性能指标直接影响到汽车涂层的使用寿命和汽车的自身价值。

二、调色理论

一般车身涂料都要经过适当的调配后才能使用。若要掌握漆色的调配技巧，首先要对色彩的基本知识有一个了解。

1. 颜色的三大属性——色调、亮度和色度

平时我们要描述一个长方体容器，会用长、宽、高来进行描述，颜色也是一样，要描述颜色，也必须通过三个方面，那就是色调、亮度和色度，有些资料上也叫色相、明度和彩度，这就是我们常说的颜色三大属性。

（1）色调。

色调也称色相，常用的就是红、橙、黄、绿、青、蓝、紫七大色调。

（2）亮度。

亮度也称色品、明度或者白度，它就是我们常感受到的明暗差异。

同一种色调的颜色有不同的亮度，比如红色就有深红和浅红之分，而因为深红不如浅红明亮，所以深红的亮度就不如浅红的亮度。

同样，不同的色调也有不同的亮度。例如在太阳光谱中紫色亮度最低，红色和绿色亮度中等，黄色亮度最高，人们感到黄色最亮就是这个原因。

亮度一般用黑白表示，越接近白色，人感受到的亮度就越高；相反，越接近黑色亮度越低,所以在调色时,黑色和白色能够最快、最明显地影响颜色的亮度。图4-3所示为由暗到深的亮度。

(3) 色度。

色度是表示颜色距离亮度与其相同的灰色的程度,越接近灰色就越没有色彩,色度越低,越远离灰色的颜色色彩就越鲜艳,色度越高。色度是颜色在心理上的颜色鲜艳与否的感觉,也称为纯度、饱和度或者彩度。图4-4表示由低色度向高彩度的渐进。

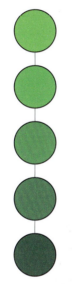

图4-3 由暗到深的亮度　　　　图4-4 由低色度向高彩度的渐进

每个色调能够达到的最高色度是不同的,红色的色度最高,绿色低些,其他居中,黑色、白色和灰色的色度最低。

2. 调色的材料、工具和设备

调色材料就是汽车修补涂料中的色母,工具和设备则包括调色架、电子秤、色卡资料、颜色登记册、配方光盘、计算机、喷涂样板。条件好的调色间还会配备比色灯箱,以改善阴天或晚间调色的条件。

(1) 色母。

顾名思义,就是颜色之母,用其可以调配出各种需要的颜色,如图4-5所示。目前所有汽车修复涂料品牌主要采取两种方法设计色母系统:一种方法是把色母分成两个系列,一个系列是单工序面漆的色母,一个系列是双工序面漆的色母;另一种方法是只使用一套色母,调色后在色母中加入树脂,由加入的树脂类型决定面漆是单工序性质还是双工序性质面漆。

汽车涂料千变万化的颜色都是由数量有限的色母调配而成的,所以调色人员必须掌握所使用的涂料品牌的色母特性,汽车修复涂料供应商会提供色母指南之类的资料和培训,指导调色人员正确使用色母。

(2) 调色架。

调色架又称色母搅拌架、调色机、调漆机,如图4-6所示。罐装涂料打开后盖上专用的带搅拌浆的盖子放在调色架上,调色架电动机启动,在传动装置的作用下可以均匀地搅拌

图 4-5 色母

图 4-6 调色架

调色架上的所有色母。一般而言，调色架有大型和小型之分，常用的大型架可以放置100多罐色母，小型架可以放置60多罐色母。当然，还有一些其他规格的调色架。

（3）电子秤。

电子秤作为称量色母工具，是精密的设备。如图4-7所示，它应该放置在调色架的附件上以方便称量。同时它要求放在厚实的桌面上，而桌子要放置在坚实的地面上，避免在工作中受振动而影响精度。

在称重色母的过程中，不要把涂料罐重重地放在桌子上，称重时要避免强风吹过，这些都会引起读数不稳定。不要在电子秤上搅拌色母，这样会损坏电子秤，或降低其精度，应按照说明书的指示定期矫正电子秤，如图4-8所示。

项目四 汽车漆面修复

图4-7 电子秤称量色母

图4-8 电子秤的显示读数

（4）色卡资料。

① 色母指南。

色母指南是由汽车修复涂料供应商提供的，表现其色母特性的色卡。各家供应商所提供的色母指南有所不同，但目的是相同的，也就是使调色人员能够明了、直观地理解该品牌色母的特性，方便调色。

② 色卡。

所有知名品牌的涂料供应商除了定期为其客户提供国际市场上最新推出的汽车颜色的配方外，还会给客户提供这些汽车颜色的色卡。

色卡是很重要的调色工具，一套完整、齐全的色卡会起到事半功倍的效果。即使在现代最严格、科学的控制下，在生产线上下来的汽车颜色还是会存在误差的，这就是差异色。

③ 颜色配方系统。

目前，储存颜色配方的介质多为光盘，利用计算机程序阅读，其具有更新迅速、方便，数据存储量大的优点，如图4-9所示。由于计算机还有更强大的功能，故某些涂料厂家还能利用配送给客户的计算机软件完成一些功能以达到服务增值的效果。

现阶段多家国际大涂料公司都采用网上配方方案，目的是把准确、详细的配方在最短的时间内让客户知道，第一时间了解客户困难，并给予指导和帮助。

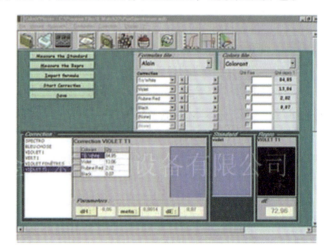

图4-9 微机中的配方系统

3. 色漆的种类

由于油漆技术的发展，现代的汽车有着丰富多彩的外观颜色。考虑到在汽车面漆修复过程中涉及的油漆颜色种类，粗略地可以分成三大类：素色漆、金属漆和特殊效果色彩。

素色和金属色几乎就是当今所有汽车颜色的范围。在实际应用时，习惯上把其中的金属色漆细分为双工序金属漆和三工序金属漆。本项目在实施过程中以调配喷涂素色漆做基本训练，因此以下主要介绍素色漆的相关内容。

133

（1）素色漆。

素色漆也叫纯色漆或者实色漆，与金属漆不同，喷涂的因素对素色漆颜色的变化影响比较少，所以这类颜色既相对容易调配，也是调色的基本功。

在大多数的修理厂，对于素色漆一般使用单工序漆的工艺，这样既方便快捷，又省时省力。素色漆色母一般要求高遮盖力、高饱和度且施工后有高的光泽度。

（2）素色成品漆的修补微调。

① 确认成品漆与车身的色差。

② 查色号或比对色卡，如有差异色，则找出最接近车身颜色的配方。

③ 参考色轮海报或色母特性表，分析配方色母和色相。

④ 选择配方中已有的色母，如有需要，再参考色轮海报进行微调修正。

（3）调配素色漆的注意事项。

① 尽量选择纯度高的色母。当今汽车在素色选择上喜欢明快、鲜艳的颜色，以红色、蓝色、黄色为主。这些颜色调配要根据需要少用黑色母，偶尔会用相当数量的白色色母调节亮度和鲜艳度，但要认识到这会造成一定程度的颜色混浊。

② 尽量不选用低强度的色母作为主色，即使不得不选用时，也要尽量搭配使用高遮盖力的色母。这种情况以鲜艳的红色最为常见。

③ 白色使用一段时间以后会变得稍黄。

④ 调配白色时尽量选用低强度色母，就是透明的色母，强度高的色母其浓度一般是低强度色母的6~10倍，即使一升里面只有一滴，在白色中也能明显地反映出来。

⑤ 黑色的表面光泽对判断其色差起着决定性的作用，新喷涂的黑色由于表面光泽太高，容易给人造成新修理漆面过黑的误差，可以先打蜡抛光再进行比较。

⑥ 当调配因时间暴露而褪色的颜色时，可以添加少量的白色或者黄色色母。

4. 调色流程

虽然现今汽车的颜色丰富多彩，成千上万，所幸的是我们不用对每一个颜色都从无到有地做涂料配方，修补涂料品牌的公司提供了市场上最常见的颜色配方供客户使用。现在对各个步骤进行较为具体的讨论。

（1）检查原厂颜色代码。

查找车身上的标牌，在标牌上找出颜色代码。颜色标牌是国际上所有规范的汽车生产商都会在车身上提供的，它是注明车身颜色的标记。这种标牌可能是金属牌，铆在车身内表面上；也可能是一张贴纸，贴在车内不明显的地方。根据车的颜色代码，可以在已知品牌的修补涂料厂家的配方库内查找颜色配方。

（2）参考颜色数据库。

从车身标牌或色卡得到颜色代码后，就可以从色卡箱中查找相应的色卡，与原车颜色做比较。当然，并不是所有颜色代码都是有色卡的。

修复涂料供应商会提供多种色卡，对于大多数的汽车颜色都提供至少一个标准颜色色卡，很多时候常常有多个差异色卡供选用，在比较和选择时应该找到所有的标准色卡和差异色卡一起比较，确定最准确的一个。

选择好了色卡以后可以查找到相应的颜色配方。所谓颜色配方，就是列出某个颜色所使用的色母，以及每个色母的用量。

在参考色卡时需注意一点：所有色卡的配方在颜色实验调配时，试板都是用自动喷涂机喷涂的，喷涂的效果与手工喷涂的效果肯定不同。虽然这样，但由于手工喷涂具有灵活性，故有时施工者可以通过改变喷涂的方式得到色卡所显示的颜色。

（3）准备色母。

根据选好的色卡和配方，应该准备需要用的色母。准备色母时需要确认：

① 色母已经搅拌均匀；

② 色母的数量足够；

③ 调配涂料的罐是干净的；

④ 电子秤已校准；

⑤ 搅拌尺已经准备好。

（4）称量色母。

先决定哪些色母的数量保持不变，哪些色母应该减少或增加，写出配方。当一切都准备好后，开始称量色母。称量色母时要注意以下几点：

① 最好一次把数量调够，没有把握的先根据配方调出小样。

② 对某个色母数量没有完全把握，可以先少加点。加入色母后不能再拿出来。

③ 应该把电子秤放在厚实的桌面上，这样可以减少因为振动引起的误差。

④ 一滴色母的质量在 0.02~0.05 g 之间，因色母密度不同而异，电子秤不具备四舍五入的功能，如 0.17 g，电子秤显示 0.1 g，所以实际的质量一般比显示的大。因此，在理论上要准确调配一个配方，每个色母的最小加入量应该在 0.5 g 以上，这样可以提高精度。

⑤ 使用累积质量和单独质量的区别。很多调漆人员习惯使用每次加完色母后电子秤不归零，每次误差不断积累后，后面所加的色母会偏少。如涂料的质量是 8.19 g，显示是 8.1 g，这时只要加一滴色母，电子秤立即显示 8.2 g，这种差量虽然不大，但在加入少量对颜色影响较大的色母时，误差就会很大。实际选择使用哪种称量方式要灵活掌握，重要的是要知道有哪些误差会影响调色精度。

（5）喷涂试板。

喷涂试板是很重要的一步，湿涂料的颜色不能真实反映干涂膜的颜色，特别是金属漆中银粉的颗粒和亮度，不经过喷涂不可能把握得准确。试板的面积不宜太小，太小会对颜色的分辨不准确。

（6）检查颜色。

把喷涂的试板与试板车身比较，颜色符合就可以施工，颜色不符合就需要微调。检查试板颜色需要注意以下几点：

① 在光线充足的地方，最好在室外，不至于受日光灯、装饰物的反射光影响。

② 不要在阳光直射的地方检查颜色，不要在阴天光线不足时检查颜色。

③ 当不得不在日光灯或烤房内检查颜色时，注意分辨色差和颜色异构之间的区别。

④ 存在微小色差时，正确判断哪些是不得不微调的，哪些是可以利用喷涂方式解决的。

⑤ 充分考虑周围的影响因素，如墙壁、车辆。此外，还要考虑车身修补区域的影响因素，如遮阳膜、氧气、老化、失光等。

（7）调色时的注意事项。

① 调色时加入的色母尽可能是配方中所用到的色母。若需要加入配方外的色母，则必

须在不同光源下比较颜色，即除日光外，还应该在较强亮度的白炽灯和荧光灯下比较，避免颜色异构。

② 颜色总是从鲜艳色到混浊色调整，即只能降低色度。加入的色母数量越多，颜色越混浊。

③ 不要加入在色轮上的色调与涂料色调相对的色母，这会使颜色再变混浊。

④ 必须喷涂样板，并且样板上的涂料要被完全遮盖，待涂料完全干燥后比较颜色，尽可能把样板与车身修补部位附近的涂膜颜色进行比较。

⑤ 充分利用上述调色工具、色母指南和色轮。色母指南告诉我们每个色母的特性及其加入涂料中所能产生的效果，色轮上列出了各个色母的位置，可以让我们正确地评价色母之间的关系，以选择合适的色母加入涂料内。永远只能在主色旁边的颜色区域中选择色母。

⑥ 在自然日光或者模拟日光光源的灯箱内调色，不要在直射阳光下调色。

⑦ 喷涂样板纸质要好，要不易吸收涂料，否则样板后车身的喷涂效果不相同。

4.1.2 漆面修复的工具设备

车身涂装设备所使用的设备和工具，是影响车身涂漆品质的关键性因素。下面介绍常用的漆面修复的工具设备。

一、刮具

为了使汽车表面平整光亮，需要使用刮涂和打磨工具，刮涂工序主要是刮腻子，刮涂使用的主要工具是刮具，也称刮子。其中分为硬刮具和软刮具两种，应根据不同情况灵活选用（图4-10）。

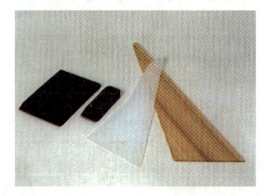

图 4-10 刮具

硬刮具是泛指那些有一定弹性和硬度的刮具，如牛角刮子、硬聚氯乙烯板刮子、胶木板刮子等，硬刮子刃口较薄，易于对刮涂过的表面进行修整。刮具要求弹性好，能弯不折，不变形。

软刮具是指端口较软的橡胶刮具，如胶板大刮子、木柄橡胶小刮子等。软刮具中，端口中间的直线度好并且十分光滑，这种类型的软刮具用起来省力快速，适合用往垂直平面上刮腻子。

此外，一些手托板等软刮具的夹具等，也是刮涂腻子工作中不可缺少的辅助工具。正确握持刮具的方法如三指法适合小型刮具、五指法适合大型刮具（图4-11）。

项目四 汽车漆面修复

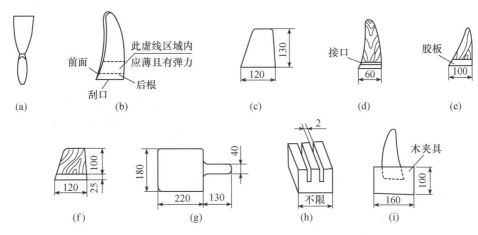

图 4-11 刮具的使用

（a）油灰刀；（b）牛角刮子；（c）聚氯乙烯刮子或薄钢片刮子；（d）中型木柄橡胶刮子；（e）木柄橡胶斜口刮子；（f）木柄橡胶大刮子；（g）腻子手托板；（h）旋转橡胶软刮子的夹具；（i）放置方案

二、打磨工具

现阶段汽车喷涂的打磨工具多采用机械或半机械打磨方法。

1. 风动打磨工具

风动打磨工具主要有风动打磨腻子机、风动砂轮、钢丝轮、抛光轮等，主要作用是清除钢铁表面的旧涂层、铁锈、旧漆、打磨腻子、抛光和上蜡等，可以减轻体力劳动，提高功效。

打磨设备

2. 电动打磨工具

电动打磨工具主要有电动砂轮机、布轮、磨腻子机等，其主要作用和风动打磨工具一样，但比风动打磨工具使用方便，使用时应穿戴好劳保用品和采取必要的安全防护措施。常用的打磨机有以下几种：

（1）圆盘打磨机，采用快速转动的形式，用于清除旧漆膜和焊接前的准备工作，如图 4-12 所示。

（2）轨迹式打磨机，主要用于打磨原子灰（腻子）或喷灰，如图 4-13 所示。

图 4-12 圆盘打磨机

图 4-13 轨迹式打磨机

（3）双作用打磨机，它旋转的方式像月球围绕地球旋转，主要用于打磨斜边、原子灰（腻子）或喷灰等，如图 4-14 所示。

（4）轨迹式打磨机（面积较大时使用），主要用于大面积修复面的打磨原子灰（腻子）

137

或喷灰工作，如图 4-15 所示。

图 4-14 双作用打磨机

图 4-15 轨迹式打磨机

3. 打磨材料

打磨材料是汽车喷涂中必不可少的材料，主要有砂轮、砂纸、抛光膏等。

（1）砂轮（图 4-16）。通常主要用废砂轮打磨腻子，但质量较为粗糙。为了节省砂纸，在打磨头道腻子和二道腻子时可先用砂轮片粗磨一下。

图 4-16 砂轮

（2）砂纸。砂纸是处理底层除锈、打磨腻子的主要材料，其是将磨料黏结在纸上制成的，见表 4-2。砂纸的磨料主要为氧化铝粉，根据磨料的粒度大小砂纸可以分为多种规格，筛目数通常印在砂纸的背面，数字越大，摩擦粒子越细。在汽车中涂时所使用的筛目数通常在#60~#2 000 之间。

表 4-2 砂纸

砂纸											
	日本	#60	#80	#120	#180	#240	#320	#600	#1 000	#1 500	#2 000
	美国	60	80	120	220	—	240	360	600	—	—
	欧洲	P60	P80	P120	P220	—	P240	P500	P1 200	P1 500	
工作类别	清除漆料 ←——→ 打磨聚酯腻子 ←——→			打磨羽状边缘 ←——→			打磨中间漆 ←——→ 驳口打磨 ←——→			面涂后之抛光工序 ←——	

三、喷涂工具

喷涂工具是车身涂装作业中不可或缺的重要工具。车身涂漆主要采用空气喷涂的方法，喷漆枪（也叫喷枪）是主要的喷涂工具。喷枪以功能分为面漆喷枪（图4-17）和底漆喷枪（图4-18），以结构分为吸上式喷枪和重力式喷枪两种（表4-3）。

图4-17 面漆喷枪

图4-18 底漆喷枪

表4-3 喷枪的比较与选用

修补类型	油漆种类	油漆应用系统	喷嘴口径/mm	辅助气孔
局部修补	底漆中间漆	重力式	约1.5	小
	面漆	重力式	约1.3	多
全车喷涂	底漆中间漆	重力式/吸上式	约1.8	小
	面漆	吸上式	约1.5	多

1. 吸上式喷枪

吸上式喷枪的涂料罐位于喷枪的下部，涂料喷嘴一般较空气帽的中心孔稍向前凸出，压缩空气从空气帽中心孔，即涂料喷嘴的周围喷出，在涂料喷嘴的前端形成负压，将涂料从涂料罐内吸出并雾化。吸上式喷枪的涂料喷出量受涂料黏度和密度的影响较明显，并且与涂料喷嘴的口径密切联系。吸上式喷枪用于一般非连续性喷涂作业。

2. 重力式喷枪

重力式喷枪的涂料罐位于喷枪的上部，涂料靠自身重力与涂料喷嘴前端形成的负压作用从涂料喷嘴喷出，并与空气混合雾化。喷枪的基本构造与吸上式喷枪相同，但在相同喷涂条件下，涂料喷涂量比吸上式大。重力式喷枪多用于涂料用量少与换色频繁的喷涂作业。当涂料用量多时，可另设高位涂料罐，用胶管与喷枪连接。在这种情况下，可通过改变涂料罐的高度调整涂料的喷出量。

3. 喷枪的主要零件

这里以现在汽车钣金修复行业比较常见的空气喷枪为例做介绍，它的主要零部件如图4-19所示。有些喷枪装有可拆的喷头装置，该装置由气帽、喷嘴和针阀组成。

气帽把压缩空气引进物料流使其雾化并形成一定的喷射形状，喷口有三种形式，即中央喷口、侧喷口和辅助喷口，其功能各不相同，如图4-20所示。中央喷口位于喷嘴尖上，用

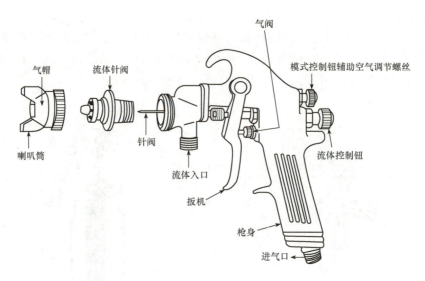

图 4-19　典型空气喷枪的零件

图 4-20　空气喷口的名称

来产生真空以排出油漆。侧喷口在空气压力的作用下确定喷射形状。辅助喷口可以促进油漆雾化，较大的辅助喷口能提高物料的雾化能力，适于高速喷涂大型物件。较少或者较小的喷口一般需要的空气就少一些，产生较小的喷射直径，排出的油漆较少，能以较低的速度向较小的物件喷漆。

空气也流过气帽喇叭筒中的两个侧喷口，从而形成一定的喷射形状。当模式控制钮关闭时，喷出的涂料成圆形；当模式控制钮开启时，喷出的涂料成长椭圆形。

针阀和喷嘴直接控制从喷枪进入空气流的涂料流量，喷嘴形成针阀的内座，从而阻止物料的流动，从喷枪前端喷出的物料实际数量取决于针阀控制的喷嘴的开口大小，喷嘴有多种规格尺寸，以便控制不同类型和黏度的涂料，并按用途以不同的速度把所需的物料量送往气帽。扳动扳机时流体控制钮可以控制针阀在喷嘴中与阀座之间的距离。

4. 喷枪的操作方法

操作喷枪是一项技术工作，并不仅仅是扳动一下扳机把油漆喷在要喷的部位上，而是需要漆面修复人员具备相当的经验和知识。一般来说，影响喷涂面的主要因素是喷涂物料的黏性、喷涂时烤漆房的温度、漆膜厚度和相关的操作经验。这里主要介绍一下喷枪的操作。

（1）使喷枪和表面保持适当的距离，若空气湿度高则需要缩短距离，以较短距离喷涂时，高速的喷射空气会使湿漆膜起皱；如果距离较大，则会产生橘子皮或干膜。具体的喷漆面易出现的缺陷和问题在 4.1.3 节做详细介绍。

（2）操作喷枪使其与表面成水平和垂直状态，甚至在曲面表面如果喷枪不与表面保持垂直，就会产生不均匀的油漆膜。在平坦的表面，如发动机罩或者车顶，喷枪应向下直指表面。

（3）在扳动扳机前，喷枪应处于运动状态，并且应在喷枪停止运动之前松开扳机，这样可以防止在两次喷涂面积的端部重叠部位产生过喷的情况。

(4)若要使油漆膜均匀,不可使喷枪乱动,唯一允许喷枪动的机会是存在喷涂边缘膜比中心部分薄的小点时。

(5)以平稳的速度使喷枪移动,移动过快则形成的膜较薄,移动过慢则会导致油漆渗开,速度必须一致,否则油漆膜不均匀。不能使喷枪停留在一个部位,否则会发生油漆的滴流和渗开。

(6)喷涂困难的部位如角落和边缘应当先喷,对准该部位直射,使油漆的一半盖住边缘或角落的每一边。在把所有的边缘和角落都喷好后,就应该喷涂平坦或者几乎平坦的部位了。

(7)喷很窄的表面时改用喷涂面积较小的喷枪或气帽,就不必重新调整全尺寸喷枪了。在重要部位,面积较小的喷枪易于掌握。

(8)一般来说,直立的表面应从顶部开始喷涂,例如车门板,喷嘴应与盖表面的顶部平齐,这意味着喷涂面积的上半部会碰到遮盖物。

(9)第二次喷涂从相反的方向进行,喷嘴应与上次喷涂的下边缘平齐。这样,喷涂的一半与上次行程重叠,其他的一半喷在未喷涂的部位。

(10)继续进行来回的喷涂行程,每个行程终了时都扳动扳机,使每个相继行程按喷涂部位上下高低的一半进行喷涂。

(11)最后的喷涂应位于所喷表面下缘喷涂行程的下半部。如果是车门,则最后一道喷涂应在其下面的空间。

以上的程序称为单涂层,双涂层是立即重复单涂层的程序。本节主要介绍单涂层的喷漆技术,对双涂层技术不做过多说明。

四、其他涂装工具设施

1. 涂装房与烤漆房

目前我国各汽车维修单位对车身表面油漆的修补涂装多采用单车手工作业,为了保证车身表面的油漆质量,一般应用汽车喷漆烤漆房设备。

喷漆烤漆房对空气净化率有要求,因此要采用空气过滤材料,一般选用高效无纺过滤布,在长时间使用且污染严重时要换新的。

喷漆烤漆房的房内照明和烘烤设备也有要求:要求光线明亮、柔和,使用寿命长,才能看清车身表面、保证油漆质量;要求烘烤设备温度恒定、烘烤均匀,喷漆烤漆房多采用电控系统,进行程序控制,才能使喷漆烤漆过程进行程序控制;保证设备使用方便、稳定可靠,才能对汽车的油漆修补涂装达到满意的效果。

对于损坏的轿车车身的油漆修补和涂装时应当应用喷漆烤漆房,才能保证车身外观的油漆质量。常见的烘烤设备如红外线烤干机(图4-21),即利用红外线原理对局部漆面进行快速干燥。

2. 工具小车

工具小车用于盛载喷涂工作中使用的小件工具与物料,以方便使用和管理,如图4-22所示。

3. 零部件固定架

零部件固定架用于固定小部件于喷涂间内,以方便喷涂与移动,如图4-23所示。

图4-21 红外线烤干机

4. 配料工具

配料工具如油尺、黏度计、秒表、油壶是喷涂前调校盛装油漆必不可少的工具，如图4-24所示。

图4-22　工具小车

图4-23　零部件固定架

图4-24　配料工具

4.1.3　漆面修复的程序

汽车维修中的涂漆方法主要以空气喷涂为主流，下面以现阶段常见的轿车喷涂工艺为例介绍漆面修复的程序。

一、漆面修复的主要程序

为了使读者对汽车钣金漆面修复作业有一个系统的了解，可以用图4-25来表示漆面修复作业的步骤。

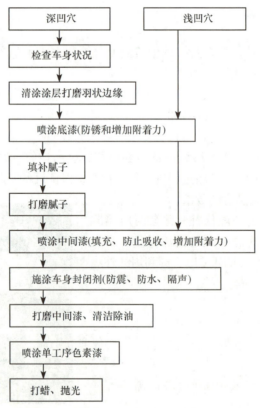

图4-25　钣金处理后的车身工件修复步骤

1. 清洁、除油

使用压力枪与除硅清洁剂清除车身上的灰尘和油渍，如图 4-26 所示。

2. 清除旧漆层

使用砂纸配合单向式打磨机清除受损位置的旧漆层，如图 4-27 所示。

图 4-26　清洁

图 4-27　清除旧漆层

3. 打磨羽状边缘

根据厂家规定使用适当砂纸打磨羽状边缘，如图 4-28 所示。

4. 清洁、除油、遮蔽

使用压力枪与除硅清洁剂清除车身上的灰尘和油渍，使用反向粘贴法遮蔽车身需喷涂底漆的位置，如图 4-29 所示。

图 4-28　打磨羽状边缘

图 4-29　遮蔽除油

5. 喷涂底漆

混合底漆喷涂一两层于打磨后露出的金属位置，然后烤干，30 min 干燥，如图 4-30 所示。注意：喷涂底漆时必须佩戴防毒面罩，且必须在喷涂间内进行操作。

6. 填补打磨原子灰（腻子）

混合原子灰填补于车身凹陷的位置，然后烤干或让其自干，30 min 干燥，如图 4-31 所示。

图 4-30　喷涂底漆

图 4-31　填补腻子

7. 打磨原子灰

使用干磨砂纸打磨干燥后的原子灰,如有需要可使用填眼灰填补针孔、砂纸痕等,如图4-32所示。

8. 清洁、除尘、遮蔽

使用吹尘枪与除硅清洁剂清除车身的灰尘和油渍,还需要使用反向粘贴法粘贴遮蔽纸,如图4-33所示。

图4-32 打磨腻子

图4-33 除尘、贴遮蔽纸

9. 喷涂中涂漆

喷涂中涂漆(双组分环氧漆,比例为厂家规定值),喷涂两三层,每层相隔5~10 min,然后烤干至60℃,30 min或者常温20℃过夜干燥,如图4-34所示。

10. 打磨中涂漆

喷涂打磨指示层。使用干磨砂纸配合双向式打磨机打磨干燥后的中间漆(图4-35)。

图4-34 喷涂中涂漆

图4-35 打磨中涂漆

11. 清洁、除尘、遮蔽

用除硅清洁剂清洁车身的汗渍和油渍,使用吹尘枪配合粘尘布清除车身上的灰尘和微粒,还需要粘贴遮蔽纸,如图4-36所示。

12. 喷涂面漆

单工序素色漆。面漆(比例配制按厂家规定值)强制干燥60℃,时间为30 min或者常温20℃过夜干燥(图4-37)。

图4-36 除尘、贴遮蔽纸

图4-37 喷涂面漆

13. 打蜡、抛光

油漆完全干燥后检查车身效果，如果有需要可使用砂纸打磨小流挂或尘点，再用抛光蜡清除砂纸痕或重拾光泽，如图4-38所示。

本项目仅对单工序漆的喷涂做详细讲解，双工序漆的喷涂技术在此不做过多说明。

二、喷涂油漆的问题与解决方法

1. 原子灰发生的剥落问题

定义：聚酯填充料（原子灰）成块脱落，如图4-39所示。

图4-38 抛光打蜡

图4-39 腻子脱落

成因：底材没有经过小心准备；使用了不合适的聚酯填充料（原子灰）；不正确使用红外线烤漆器。

预防方法：底材必须经过彻底清洁和打磨，使用聚酯填充料（原子灰）前须认真阅读技术资料；使用适合底材的原子灰和底漆；进行红外线烤漆器烘干时须按制造商的指示。

补救方法：将有缺陷的油漆部分彻底打磨妥当，然后利用合适的材料修补。

2. 聚银（起云、斑点）

定义：漆膜表面混浊无光（银粉聚于一团），如图4-40所示。

成因：铝片（银粉）离位，不正确的喷漆黏度、喷涂方法、静止时间或喷房温度；不正确的喷枪喷嘴、喷涂压力；不合适的稀释剂。

预防方法：利用黏度杯和调漆尺准确地调整喷涂黏度；喷涂时保持喷枪与喷涂表面平行；选用合适的喷枪与喷嘴；选用制造商推荐的稀释剂；依照制造商提供的技术资料所建议的施工方法进行施工。

补救方法：在清漆干燥后加以打磨和重新喷涂；涂上厚膜或清漆前先涂上薄覆盖层。

3. 颜色偏差，不相符

定义：与既定色泽不相符，如图4-41所示。

图4-40 起云

图4-41 颜色出现偏差

成因：喷涂方法不正确，太湿，太干，遮光度不足；不正确的喷枪喷嘴和喷涂压力；原有漆面受气风化；配色不准确，与原色颜色不一致。

预防方法：喷涂前一定要在样板上试验，确保配色准确。

补救方法：打磨表面，将面漆颜色调校到较接近的色调，然后重新喷涂；将附近表面抛光清洁，以检查颜色。

4. 面漆凹痕

定义：面漆上有些地方凹陷，如图 4-42 所示。

成因：不正确的喷涂黏度、静止时间、喷房温度；喷涂压力不正确；稀释剂不稳定；空气中有污垢和尘埃。

预防方法：正确地调节黏度；依照技术资料所建议的施工方法施工；一定要保持喷漆房环境清洁，而且须经常检查空气过滤网；喷涂前须确定车身表面已经过正确的清洁。

补救方法：打磨、抛光；打磨后重新喷涂。

5. 颗粒（污垢和尘埃）

定义：涂层表面有微粒凸出，如图 4-43 所示。

成因：车身表面在涂漆前没有经过适当的清洁；空气过滤网已到寿命，需更换；喷漆房气压过低；喷漆工穿着不正确、不清洁的衣服。

预防方法：喷涂前须确定已使用清洁剂清洁车身及确定已经用粘尘布清洁车身表面；定期检查过滤网；穿着不带绒毛的工作服；确保喷漆房环境清洁。

补救方法：轻轻打磨和抛光受影响的部分；打磨整个喷涂部分，然后用除硅清洁剂加以清洁，重喷。

图 4-42　凹痕

图 4-43　污垢

6. 橘皮（漆膜表面不光滑）

定义：表面固化太快而不能流平（表面自我平整的运动），如图 4-44 所示。

成因：不正确的喷涂压力或黏度、喷涂方法或施工温度；使用的硬化剂、稀释剂不适合喷漆房的环境；底材打磨不足；油漆没有搅匀。

预防方法：严格按照油漆技术资料所建议的混合和施工方法；正确地准备和打磨底材；避免在极高或极低温度和湿度下喷涂，同时应注意喷涂重叠、气压及远近距离。

补救方法：将表面打磨光滑，然后利用适合当时环境的硬化剂、稀释剂调节妥当，再重新喷涂。

7. 针孔

定义：针刺状小孔，深及中间漆，如图 4-45 所示。

成因：玻璃纤维底材；腻子混合不足；经打磨的表面仍留有溶剂泡；腻子打底不足。

预防方法：彻底混合腻子；不可打磨溶剂泡，或将问题漆膜完全清除；填充足够的腻子。

补救方法：清除有毛病的面漆；打磨后涂上腻子；喷涂上底漆后重新喷涂面漆。

图 4-44　橘皮

图 4-45　针孔

8. 溶剂泡（痱子、起热痱）

定义：漆面呈现小泡和泡痕，如图 4-46 所示。

成因：溶剂空气藏在漆膜内，其后逸出，留下泡痕；漆膜喷涂过厚，使用快干的硬化剂或稀释剂；喷枪喷嘴或喷涂黏度或喷涂气压不正确；加温干燥前静止时间不足或烤漆房气流不足。

预防方法：使用正确的喷涂黏度、喷涂气压、喷嘴口径；使用适当的硬化剂和稀释剂；给予足够静止时间，定时检查烤房内的气压和湿度。

补救方法：烘干后打磨，在受影响的范围重新喷涂中间漆，打磨后再喷面漆。

9. 腻子痕迹（原子灰印）

定义：修整部分周围的面漆鼓起成环状，如图 4-47 所示。

成因：底材没有完全硬化，以致吸收了面漆；砂纸太粗，面漆使用了不合适的稀释剂；以原子灰或填眼灰修补的部分在喷涂面漆前没有经过正确的打底或封闭。

预防方法：打磨经修补的部分，直至金属层外露，在外露的油漆层边缘利用稀释剂进行溶剂试验，如油漆软化，则此漆层必须封隔；原子灰及填眼灰只可用于外露的金属上，不可覆盖在原有漆面上；选用合适的砂纸；确定所有预备材料都已完全干燥。

补救方法：修补材料干透后，磨平损坏的部分，再打底材料加以隔离，然后重新喷涂。

图 4-46　溶剂泡

图 4-47　腻子痕迹

10. 起泡

定义：表面有一些圆点凸起，如图 4-48 所示。

成因：喷涂前底材没有充分干透或清洁；底材的气孔、针孔在喷涂前没有经过打磨或填平；喷涂过程中没有将聚酯材料适当隔绝；喷涂时温度变化不定，以致产生缩聚（收缩）作用。

预防方法：确定所有预备材料均已恰当地干透；用除硅清洁剂小心清洁底材；喷涂面漆前须隔离聚酯材料；小心打磨针孔，或重新施喷原子灰、填眼灰、中间漆。

补救方法：打磨有缺陷的范围，然后重新喷涂。

11. 中间漆凹陷

定义：边缘突起近似火山口状凹陷，如图 4-49 所示。

成因：没有以除硅清洁剂充分清洁底材；空气供应受到油或水污染。

预防方法：使用除硅清洁剂彻底清洁底材；确保进气管得到定时维修。

补救方法：待中间漆干燥后磨去凹陷；清洁整个范围，然后重新喷涂中间漆。

图4-48　起泡

图4-49　中间漆凹陷

12. 打磨划痕（砂纸痕）

定义：边缘胀起，有刮痕，如图4-50所示。

成因：打磨金属表面或原子灰的砂纸太粗，造成的沟痕和划痕透过面漆显现出来；中间漆在打磨前没有干透或过于柔软；面漆喷涂前，打底或隔绝工作不足。

预防方法：利用制造商建议的砂纸型号打磨特定的底材；打磨前须让打底材料彻底硬化；喷涂正常厚度的中间漆及面漆。

补救方法：将受影响范围彻底打磨，然后重新喷涂。

13. 原子灰渗出过氧化物（发红/现红）

定义：填平车身的填充灰（原子灰）后渗出过氧化物，图4-51所示。

成因：腻子使用太多过氧化物硬化剂；混合不足。

预防方法：使用制造商建议分量的硬化剂；以量重方式或使用硬化剂分配器量度硬化剂的分量；彻底混合。

补救方法：打磨受影响的范围，用喷涂原子灰隔绝，然后再喷涂。

图4-50　打磨划痕

图4-51　发红

14. 腐蚀/锈蚀

定义：机械损伤以致漆膜底下出现锈蚀，如图4-52所示。

成因：湿气和化学剂透过漆膜可见或有细微裂隙（砂石破损）侵蚀金属；油漆覆盖下的金属锈蚀没有被完全清除；覆盖金属层的油漆被没戴手套的人手触摸，或受到金属预处理时积聚的化学品、打磨水、脱漆剂污染的金属接触过。

预防方法：可能受到机械损伤的油漆部分，在生产或在维修时都必须喷涂可抵御砂石侵蚀的保护层；彻底打磨外露的金属层，清除表面和麻坑上的所有锈迹；外露的金属必须经过金属预处理和除锈剂处理；不可用手接触预处理的金属部分，且须在30 min内进行底漆工序，以免锈蚀重新形成。

补救方法：脱除油漆，直至金属层，再依照上述指示重新喷涂。

15. 流挂（滴流及重流）

定义：油漆在车身垂直流下，如图4-53所示。

成因：不正确的喷涂黏度、喷涂方法，以及不正确的道层间的静止时间、漆膜厚度；喷嘴口径不正确或喷涂气压不正确；油漆、底材或喷漆房的温度过低，选用不正确的硬化剂和稀释剂。

预防方法：依照技术资料所建议的施工方法施工；确定喷枪操作良好；将喷涂工件和油漆升温到20 ℃室温；注意喷涂重叠、气压及远近。

补救方法：面漆彻底硬化后，利用砂纸打磨及棉纱团和抛光材料清除淌流及垂流，必要时打磨后重新喷涂。

图 4-52　腐蚀

图 4-53　流挂

16. 缩珠（缩孔、鱼眼、陷穴、走珠）

定义：出现有火山口边缘凸起的凹陷点，如图 4-54 所示。

成因：车身表面在喷涂前受到油、蜡、油脂或有机硅的污染；喷涂使用的空气受到污染；使用了含有机硅（内用清洁剂）的抛光剂或气溶胶喷剂；清洁不足。

预防方法：修整前用除硅清洁剂或表面清洁剂清洁车身表面。

补救方法：如果陷穴不多，而且体积小，可用抛光法清除，严重的必须彻底打磨重喷。

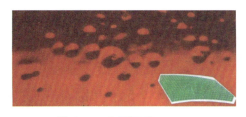

图 4-54　鱼眼凹陷

4.2　项目实施

项目实施目标

- 认识汽车漆面修复所用的基本设备
- 识别漆面的不同类型
- 能够进行单层与双层喷涂操作，并能认识漆面修理新手常见的错误
- 能够配制常见颜色的漆料
- 正确地使用喷枪等工具设备
- 能够完成局部漆面修复的工作
- 根据车身材料及受损情况能够制定行之有效的维修方案

项目实施条件

- 宽敞明亮的车间（有通风装置和气源、电源）

- 喷漆室、烤漆房
- 各种漆喷枪（底漆、面漆）
- 无尘打磨机、抛光机
- 各型号的砂纸（机磨、手磨）
- 红外烤灯
- 各形状的手刨
- 各种刮具及铲刀
- 油漆、除油剂、棉纱抹布
- 部件有缺陷的车身及遮蔽用材料
- 安全防护用品

项目实施步骤

- 将受损部位涂层用打磨机清除并按要求打磨羽状边
- 裸露金属部位喷涂防腐底漆
- 刮涂原子灰（腻子）并打磨
- 刮涂原子灰部位或全部喷涂中涂底漆
- 根据车身颜色调配面漆
- 喷涂面漆

4.2.1 任务一：底材旧漆的清除

本作业项目中的受损部件漆面已损坏，为防止新涂层发生开裂、附着不牢，必须铲除受损部位的旧涂层。

（1）操作人员穿戴好防护用品，对受损部件用棉纱布蘸取专用脱脂、除蜡剂进行除尘、除蜡、除油的擦拭，直至作业部件完全清洁。

（2）用铲刀铲除起层、崩裂的旧涂层，小的凹坑内的旧涂层也要清除，旧涂层与底材结合完好的部位就没必要铲除了，如图4-55所示。

（3）再用手刨或打磨机配80号干磨砂纸磨掉旧涂层至裸金属，然后换120号干磨砂纸打磨羽状边，距离与裸金属凹陷范围要大于70 mm，羽状宽度要大于10 mm，如图4-56所示。

（4）再次进行除尘、除油、除蜡清洁处理，并马上用清洁的干面纱布将除油剂擦拭干净，如图4-57所示。

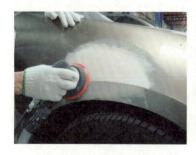
图4-55　清除旧漆层

图4-56　打磨羽状边

图4-57　除尘、除油

以上是手工除漆方法，有条件的还可以用带吸尘的电动打磨机。电动打磨机生产效率高，粉尘污染小，更适合大面积的打磨、除尘、除锈。

4.2.2　任务二：底漆的喷涂

（1）为保证新涂层的附着力、耐腐蚀性，对受损部件的金属裸露部位要喷涂防腐底漆。首先将打磨清洁后部件的裸露金属周围用胶带及遮蔽纸或报纸遮蔽，其他无须喷涂部位最好用车身遮蔽罩遮蔽，有专用喷漆室的要将车开进喷漆室，如图4-58所示。

（2）选用单组分环氧底漆，按供应商要求比例调配、搅拌均匀后灌入专用底漆喷枪，将喷枪调整至小扇面、较低的气压，如图4-59所示。

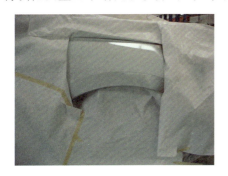

图4-58　喷涂防腐底漆

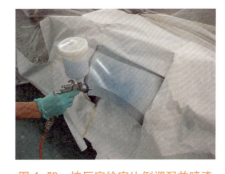

图4-59　按厂家给定比例调配并喷漆

底漆的喷涂

（3）喷涂时底漆要完全覆盖裸露金属。底漆喷完后如对效果满意，则可以撕掉遮蔽纸进行下一步的操作了。

（4）较大面积裸露金属最好喷涂双组分环氧底漆，因为其附着力、抗腐蚀能力、封闭性及耐化学品性能大大优于单组分底漆。双组分底漆中漆料与固化剂的比例及稀释剂的使用应符合供应商的要求。表面镀锌的钢板必须喷底漆或选用专用的钣金原子灰。

4.2.3　任务三：中间层的处理

一、原子灰刮涂打磨

（1）底漆干燥后用砂纸打出砂痕即可以刮涂腻子，现阶段汽车维修领域大多应用双组分的聚酯腻子（原子灰），腻子调配前先将主剂和固化剂各自调和均匀，如图4-60所示。

（2）调配时先将主剂用铲刀或刮具拨到专用托板上，兑入主剂数量3%左右的固化剂，用刮具将主剂和固化剂挤压搅拌均匀。需要注意的是，调配腻子要用多少调多少，以免浪费，而且调配后的腻子要在尽量短的时间内用完，如图4-61所示。

（3）刮涂第一层腻子实施时要选用硬刮具（如凹坑较大可用宽些的刮具），在托板上拨取腻子在凹坑处进行挤压式刮涂，起始方向横竖均可，刮具与底材夹角以50°～60°之间比较适宜，刮涂时以高处为准，再找平顺，如图4-62所示。

图4-60　腻子（原子灰）

（4）低凹较大的部位不要一次刮涂太厚，先挤压一层，待其表面凝固未干透即可在上面复涂一层到两层，但不要为了一次刮平而使腻子层超过5 mm。

腻子的刮涂

图 4-61　调配腻子

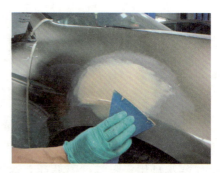

图 4-62　刮涂腻子

（5）刮涂较大凹坑时第一层腻子只需初步平整，待完全干燥后即可进行打磨。手工打磨用 60~80 号砂纸，打磨沿手刨长度方向按车身流线方向往复打磨，打磨幅度适当长些，用力均匀，动作平稳并且以高处为基准。

（6）当高点露底后，低凹未打磨处换手刨也要进行简单打磨，局部刮涂要注意腻子层与旧涂层羽状边的连续性，也就是腻子口要磨平。打磨折口、型线、圆弧时要注意图形及线条的平直性。打磨完毕，用风枪将粉尘吹干净，如图 4-63 所示。

（7）当选用干磨机打磨时，用双动偏心圆磨机，并应将其平放在打磨面上，在腻子刮涂面上做连续的直线移动，打磨到与周围高点接近即可，如图 4-64 所示。

图 4-63　简单手工打磨

图 4-64　干磨机干磨

（8）刮涂第二层平面处时仍用硬刮具，圆弧较大时可使用塑料或橡胶刮具，此层腻子同样以平整为准则，不求光滑，但腻子厚度应比第一层稍薄。局部刮涂时面积要比第一层面积略大，满刮时要注意边缘的平直性，并且应顺着汽车流线型方向刮涂，尽量拉长以减少腻子接口，如图 4-65 所示。

（9）第二层腻子打磨用 120 号砂纸，打磨方向以车身流线型为主、其他方向为辅，打磨时要经常用手抚摸打磨面来检查打磨效果。大面积打磨时要注意各个方向的平整性，小面积打磨时要注意打磨区与旧涂层的平整度，过渡要平顺无茬口。第二层腻子打磨后作业部件应无明显低凹，型线、弧面与原车无异。打磨后将粉尘吹干净。

（10）第三层腻子的刮涂最好用塑料或橡胶刮具，平面处仍可使用硬刮具，如图 4-66 所示。刮涂中手的压力与刮具的弹力相结合时，使涂面上遗漏的小凹陷、砂孔完全填充覆盖，腻子层既要平整又要光滑，刮涂方向与第二层相同。局部刮涂时腻子面积大于第二层，腻子边缘过渡平顺。

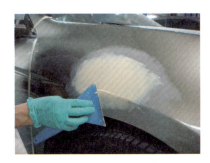

图 4-65　刮涂第二层平面

图 4-66　第三层腻子

第三层腻子的打磨应选用 120~240 号的砂纸手工打磨，打磨方向以顺车身流线型水平方向为主，打磨动作幅度要大一些，如图 4-67 所示。对圆弧、折口等手刨不易磨到之处可用手指夹住砂纸直接进行修整打磨。打磨后工作面无坑孔，腻子边缘无接茬口，型线恢复原样。

（11）第四层腻子刮涂使用硬刮具刮涂工作面上遗留的砂纸痕迹、微小砂孔，腻子层要薄而且光滑，局部刮涂面积要大一些，以使腻子层及旧涂层上的砂纸痕迹全部覆盖。

图 4-67　手工打磨第三层腻子

第四层腻子的打磨用 240 号砂纸及手刨进行，打磨后工作面腻子边缘平顺无接口、无砂痕、无砂孔、光滑平整。除部件全喷腻子层以外，旧涂层也要打磨到失去光泽，以增加涂层间附着力。打磨后用菜瓜布清洁，用风枪吹掉灰尘。腻子层外旧涂层用除油剂清洁。如经过以上操作没有达到要求，则可重复第二层或第三层以后的刮涂打磨操作。

二、中涂喷漆

受损部件经过以上工序的操作就可喷涂中涂底漆，把施工部件周围不喷漆处用遮蔽纸和胶带遮蔽，车身其他部位用遮蔽罩遮蔽，如图 4-68 所示。现维修市场大多选用硝基中涂底漆，底漆的黏度用硝基稀释剂调整，喷前要搅拌均匀。因硝基底漆固体成分含量低，故需喷 2~3 遍，每遍间隔 10 min，喷底漆时要在喷漆室进行，喷后约 1 h 左右就完全干透了。

中涂漆干透后喷涂指示涂层。中涂漆打磨时用手刨上 240 或 320 砂纸，先将刮涂腻子处底漆打磨平整，再打磨旧涂层底漆区域。机械打磨是用偏心距 3~5 mm 中间软垫的打磨机配 400 号砂纸（双工序 500 号）进行打磨。打磨后如指示层显示有针孔等缺陷，则要刮涂填眼灰（快干腻子），然后继续打磨，直至完全光滑无缺陷，如图 4-69 所示。

图 4-68　室内喷中途漆

图 4-69　中涂漆打磨

中涂底漆的喷涂

4.2.4　任务四：面漆的喷涂

中涂底漆打磨后，喷涂表面无缺陷且符合喷涂面漆的粗糙度后即可喷面漆。

（1）用封闭纸、遮蔽罩和胶带遮蔽不喷漆部分。

（2）喷漆部位用除油剂脱脂、除蜡，用粘尘布除尘（图 4-70），使用粘尘布要轻擦，不要将粘尘布上的粘剂粘到涂装面上。

（3）将车缓慢移动到烤漆房。

（4）选用维修行业常用的双组分素色油漆，调配油漆颜色、浓度和成分。

（5）将调配好、搅拌均匀的油漆过滤后灌入面漆喷枪里（图 4-71、图 4-72），调整喷幅、气压后就可以喷漆了。

图 4-70　喷涂面漆前的除尘、除蜡

图 4-71　调配好的油漆

（6）喷漆时室温保持 20 ℃左右，打开引风，喷枪风帽与待喷部件垂直，距离 20 cm 左右。喷枪移动轨迹与所喷部件平行，移动速度要均匀，移动速度为 30~50 cm/s。喷漆时先从左到右再从右到左，喷幅重叠 1/3~1/2，若有必要可先喷部件周围折口处，如图 4-73 所示。

面漆的喷涂

图 4-72　把油漆倒入喷枪

图 4-73　喷枪的使用

（7）第一层油漆喷完后检查漆面情况，如有缩孔等缺陷，要想办法补救或决定返工；若无不良情况，第一层油漆稍干后再喷第二层。一般情况下，油漆不粘手就可以喷第二遍了。第二层油漆最好比第一层稍稀，喷枪移动速度稍慢，喷漆压力可提高 0.02 MPa。第二层喷涂完毕后小心撕掉遮蔽纸（图 4-74），如油漆遮盖力较差，则可以喷第三、第四层。

（8）双组分油漆可自然干燥，也可强制干燥，气温 20 ℃情况下 15 h、加温 60 ℃ 30 min 即可抛光投入使用了，如图 4-75 所示。但油漆完全固化需一周左右时间。

图 4-74 摘除遮蔽纸

图 4-75 面漆抛光

4.2.5 拓展知识：全车喷漆

在全车喷漆时底材处理同上述基本相同，也应该用中涂底漆全车喷涂，防止新、旧漆膜不配套。如确定新、旧漆膜间不会出现问题，则只局部喷涂中涂底漆的在喷第一层面漆之前，先在喷涂中涂漆部位薄喷一遍。整车喷漆中不喷涂部分都要遮蔽，包括发动机舱、乘客舱、行李舱、轮胎、风挡玻璃和拆卸部件留下的孔洞等。整车喷涂没有固定的方法和硬性规定，但有一点能达成共识，即如何防止漆尘落到已喷涂的漆面上及保持三个水平面（前盖、顶盖、后盖）最佳的湿润度。现按喷涂顺序说明一下方法，如图4-76所示。

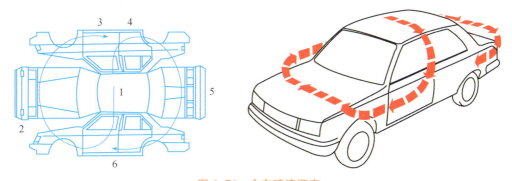

图 4-76 全车喷漆顺序

（1）喷涂车顶。先从靠近喷漆人员的车顶边缘副驾驶员侧开始用带状法喷涂，从左到右，再从右到左逐渐向车顶中心移动，直到喷涂面超过车顶中心线，喷漆人员移向驾驶员侧，再从车顶中心线前涂漆边缘开始喷涂，从左到右，再从右到左向驾驶员一侧的车顶边缘移动，并且要将涂料喷涂扩大到支柱及门框，直到油漆全部覆盖顶盖。

（2）喷涂驾驶员侧前车门、前翼子板。首先喷漆人员从左到右，再从右到左自上而下带状喷涂前车门直至全部覆盖，然后用相同方法喷涂驾驶侧翼子板。

（3）喷涂前机器盖。首先喷漆人员站在前部喷涂前盖的前端折扣处，然后站在驾驶员侧的翼子板边，从靠近翼子板的前盖边缘开始，从左到右，再从右到左带状喷涂，直到喷涂面超过前盖中心线；喷漆人员移向机盖的另一侧，喷涂从前盖中心线前喷涂边缘开始，从左到右，再从右到左向副驾驶员侧前盖边缘移动，直到机盖被油漆全部覆盖。

（4）喷涂副驾驶员侧翼子板、前门、后门及后翼子板。喷涂方法同（2）。需注意的是，喷涂后门时应打开已喷过的前门，喷涂后翼子板时应打开已喷过的后门，以防漆尘飞落。

（5）喷涂后盖。先沿着后窗玻璃的底边带状喷涂一道，然后喷漆人员站在车的后部，从后窗底边开始，从左到右再从右到左向后部移动喷涂，直至后盖全部覆盖。

（6）喷涂驾驶侧后翼子板、后门。方法同（4）。

（7）按以上程序方法喷涂一遍后若无异常，干燥到不粘手可以喷涂第二遍，双组分漆一般喷两遍就可以了。

（8）喷漆后油漆不粘尘时方可加温烘干。

喷漆时要注意喷枪气管、工作服不要触碰到喷过的漆面，喷车顶等平面时注意喷枪漆罐漏漆。喷漆结束撕掉遮蔽材料，一定注意不要碰到喷过的油漆。

项目五　塑料件的修复与涂装

项目说明

现阶段随着汽车的发展和环保的要求，车身的质量越来越轻，安全性能越来越高，普通的钢材已经不能适应汽车发展的需要，在车身上开始应用不同种类的新材料，塑料件和铝合金材料件开始大量运用到汽车钣金件上，所以要了解它们的性能，才能有针对性地对新型车身进行高质量的修复。学员接到一款全铝车身的事故车辆，保险杠护罩出现裂痕，选择黏合剂进行修复。通过该项目的实施，使学员学会车身塑料种类、塑料焊接等知识，掌握塑料件黏合的技能，具备修复简单塑料件损坏和缺陷的能力。

 5.1　基本知识

5.1.1　车用塑料

塑料在汽车上的应用发展很快，从最初的内饰件和小机件，发展到可替代金属制造的各种机械配件和车身板件。用塑料替代金属，既可获得汽车轻量化的效果，又可改善汽车的某些性能，如耐磨、防腐、避振、减小噪声等。随着汽车工业的发展，塑料的应用越来越受到重视。

一、塑料的组成

塑料是以合成树脂为基体，并加入某些添加剂制成的高分子材料，它在一定温度、压力下可以塑造成各种形状的部件。

许多新的加强型塑料件几乎达到了与钢材相同的强度和硬度；一些塑料在尺寸上更稳定；塑料件还特别耐腐蚀。塑料的发动缸体和车架部件正在进行各种测试。塑料厂商正在计划更多地在地板、车窗、转向轴、弹簧、车轮、轴承以及其他机械部件上使用塑料。

塑料件使用范围的扩大使碰撞修理产生了各种新的方法。比起更换，许多塑料件维修起来更经济，特别是在部件不必拆下的情况下；擦伤、裂缝和刺穿都是可维修的；必要时，一些塑料件还可以在变形之后重新修整回它们原来的形状。因为更换的零部件并不总是有货，所以意味着汽车可以更快地修好，而维修站可以获得更高的收益。

1. 合成树脂

合成树脂是塑料的主要成分，它的种类、性质及加入量的多少对塑料的性能起到很大的作用，大部分塑料是以所加树脂的名称来命名的。工程上常用的合成树脂有酚醛树脂、环氧树脂、氨基树脂、有机硅树脂和聚氯乙烯、聚苯乙烯等。

2. 添加剂

加入添加剂是为了改善塑料的性能，扩大其使用范围。它包括填料、增塑剂、稳定剂、固化剂和着色剂等。填料主要起到强化作用，同时也能改善或提高塑料的某些性能，如加入云母、石棉粉、氧化硅可以增加塑料的电绝缘性、耐热性、硬度和耐磨性。增塑剂用于提高塑料的可塑性与柔软性。稳定剂可以提高塑料在光和热作用下的稳定性，以延缓老化。固化剂可以促使塑料在加工过程中硬化。着色剂可以使塑料制品的色彩美观。

二、塑料的分类和特性

1. 塑料的分类

塑料的种类很多，按其热性能不同，可分为热固定塑料和热塑性塑料两大类。

热固性塑料是指经过一次固化后，不再受热软化，只能塑制一次的塑料。这类塑料耐热性好，受压不易变形，但力学性能较差。常用的有环氧树脂、酚醛树脂、氨基树脂、有机硅树脂等。

热塑性塑料是指受热时软化，冷却后又变硬，可反复多次加热塑制的塑料。这类塑料加工成型方便、力学性能较好，但耐热性相对较差、容易变形。热塑性塑料数量很大，约占全部塑料的80%，常用的有聚乙烯、聚氯乙烯、聚四氟乙烯、聚苯乙烯、聚丙烯、聚甲醛、聚苯醚、聚酰胺等。

2. 塑料的主要特性

塑料具有许多优良的物理和化学性能，主要有以下几点：

（1）质量轻：塑料的相对密度一般只有 $1.0 \text{ g} \sim 2.0 \text{ g/cm}^3$，可以大幅度减轻汽车的质量，降低油耗。

（2）化学稳定性好：一般的塑料对酸、碱、盐和有机溶剂都有良好的耐腐蚀性。

（3）比强度高：比强度是指单位质量的强度。尽管塑料的强度要比金属低，但塑料密度小、质量轻，以等质量相比，其比强度要高。

（4）电绝缘性好：大多数塑料有良好的电绝缘性，汽车电器零件广泛采用塑料作为绝缘体。

（5）耐磨、减磨性好：大多数塑料的摩擦系数较小，耐磨性好，能在半干摩擦甚至无润滑条件下良好地工作。

（6）吸振性和消声性好：采用塑料轴承和塑料齿轮的机械。在高速运转时，可平稳地转动，大大减小噪声，降低振动。

塑料也有不少缺点，与钢材相比其力学性能较低；耐热性较差（一般只能在100℃以下长期工作）；导热性差；容易吸水，吸水后性能恶化。此外，塑料还有易老化、易燃烧、温度变化时尺寸稳定性差等缺点。

三、塑料在汽车中的应用

由于塑料具有诸多金属和其他材料所不具备的优良性能，因此在汽车上应用很广，常用于制作各种结构零件、耐磨减磨零件、隔热防振零件等。汽车常用塑料及用途如表5-1所示。

表 5-1 常用汽车塑料及用途

塑料代号	化学名称	适合烘烤温度/℃	用途	属性
EP	环氧树脂	80	玻璃钢车身板	热固性
UP	不饱和聚酯	120	玻璃钢车身板	热固性
ABS	丙烯腈-丁二烯-苯乙烯共聚物	60	车身板、仪表台、护栅、大灯外罩	热塑性
PP	聚丙烯	100	内饰板、内衬板、内翼子板、面罩、散热器、挡风帘保险杠、仪表台	热塑性
PVC	聚氯乙烯		内衬板、软脂填板	热塑性
PC	聚碳酸酯	100	护栅、仪表台、灯罩	热塑性
PUR	聚氨酯		保险杠、前后车身板、填板	热塑性
EPDM	乙丙三元共聚物		保险杠、冲击条、车身板	热塑性
PE	聚乙烯		内翼子板、内衬板、帷幔板、阻流板	热塑性
TPR	热塑橡胶		前轮罩板	热塑性
TPUR	热固聚氨酯	60	保险杠、防石板	热塑性
PA	聚酰胺	80	外装饰板	热塑性
PS	聚苯乙烯		内室件	热塑性
ABS/MAT	含玻璃纤维的强化 ABS		车身护板	热塑性
PPO	聚苯醚		镀铬塑料件、护栅、前照灯罩、遮光板、饰品	热塑性

四、车身塑料的鉴别方法

（1）查看压制在塑料部件上的 ISO 代号，一般在零件拆下来后就能看到所标的符号。

（2）燃烧鉴别。切下一小片塑料，用镊子夹住在火中燃烧，查看其火焰颜色、燃烧情况及气味，如 PVC 塑料受热后易熔化，燃烧时火焰呈绿色或青色，有盐酸味。聚烯烃类材料在燃烧时的火焰没有明显的烟雾，有蜡的气味。聚酯酸纤维素类塑料经点燃后有醋酸味。ABS 塑料燃烧时有明显的烟雾产生。

（3）焊接法。塑料焊条能与之焊合的即为此种焊条类型质地的塑料品种，可以采用进行焊接。

（4）敲击法。用手敲击塑料制品内侧，PU 塑料声音较弱，PP 塑料声音较脆。

另外，PP 材料打磨有粉末，PU 材料没有粉末；PP 材料不易被划伤，PU 材料易划伤。只有确定了塑料品种，才能正确地选择合适的涂料品种对其进行涂装。

5.1.2 塑料件的胶粘与焊接

车身塑料胶粘的方法有热熔胶粘、溶剂胶粘和胶黏剂胶粘三种。对于热塑性塑料，这三种方法都适用；而对热固性塑料，只能用胶黏剂粘接。胶粘法具有简单、适用面广等优点，可以有效地胶粘断裂、填充裂缝和修补凹陷等。

1. 热固性塑料的胶粘

热固性塑料是由低分子量的线性树脂，在固化剂的作用下发生化学反应而变成的体型结构，其特点是加热不熔化、溶剂不溶解，而且刚度好、硬度高，尺寸稳定。由此也决定了热固性塑料只能采用胶黏剂法进行胶粘。

热固性塑料主要用来制作保险杠、前隔栅、阻流板、轮辋罩等，其常见的损伤形式是断裂，处理方法是先将胶粘面及周围清理干净，然后使用速干胶将断口粘起来，并及时校准碎块与基础件的相对位置，如图5-1所示。如果碎块短缺，则可从废弃的车身塑料件上切补，但要使接口平整、无缝后再用速干胶将全部断缝填满、粘牢。

对于承受载荷的塑料件，除了按照上述方法胶粘牢固外，还可在断缝的背面用热熔式焊枪（热风枪）将焊缝填补起来。

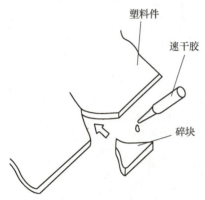

图 5-1 速干胶粘接塑料件

2. 热塑性塑料的胶粘

车身上的热塑性塑料件包括内室件、电器操纵箱、冷暖风机壳和前后保险杠等。其中比较有代表性的是聚丙烯（PP）塑料，不仅可塑性好，而且具有质量轻、耐疲劳、抗冲击能力强等优点。

对于车身上热塑性件的断裂，可用胶黏剂直接进行胶粘，胶黏剂类型按照供应商给定标准使用。同样，在裂纹的背面也可利用热熔枪做进一步加固。

当车身塑料件发生缺陷性断裂时，可先用细砂纸将拟修补的表面打磨粗糙，然后涂上一层PP塑料底漆（按供应商说明调配），再用环氧树脂腻子（调制方法与前相同）将缺陷修补平整，烘干固化后再分别用粗、细砂纸按原样打磨光滑即可。

3. 塑料件的焊接

对于有一定强度要求的车身塑料件，尤其是当塑料件的破口损坏或缺陷较大时，用胶粘法就难以实现。按照金属材料焊接的定义，对塑料件的损伤也可以采取焊接的方式（仅指热塑性塑料，因为热固性塑料不可以焊接）予以修复。为了保证塑料件的焊接品质，可以根据需要将焊缝打磨成坡口。

塑料焊条往往用颜色编码表明它们的材料。各个厂商采用的编码不统一，故利用提供的参考信息是非常重要的。如果焊条与基底材料不兼容，则焊不住。

温度过高会使塑料烧焦、熔化或变形，温度过低则无法将基底材料和焊条之间熔透。压力过大会拉伸焊接处并导致变形。焊条和基底材料的角度必须正确（图5-2），如果角度过小，则无正确完成焊接。焊接速度一定要正确，如果焊炬移动过快，则不会产生良好的焊接；如果焊炬移动过慢，则会烧焦塑料。

只要小心操作，过程完整，焊接塑料件并不困难。要遵守以下准则：

（1）为了使维修部位的强度、硬度和挠性与原来的部件相同，焊接必须与基底材料兼容。

（2）一定要测试焊条与基底材料的兼容性。测试时，将焊条熔化在损坏部位的隐蔽处，然后使焊条冷却，试着从部位上拉离焊条。如果焊条是兼容的，那么它会粘在上面。

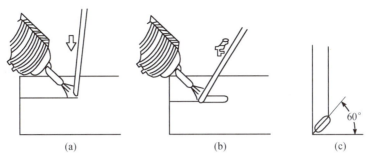

图 5-2 用塑料焊条焊车身塑料件
（a）同时加热热塑料焊条和焊件；（b）焊枪、焊条、焊件三者均呈一定角度；
（c）为了便于将焊条插入焊缝，应将焊条顶端磨成一定角度

（3）密切注意焊机的温度设置，必须正确对待焊接塑料的类型。

（4）不要将氧气或其他可燃气体与塑料焊机一起使用，不要在潮湿区域使用塑料焊机、加热喷枪或类似的工具。牢记：触电会致死。

（5）在试图进行更难的垂直焊接和高架焊接之前，先精通水平焊接。焊接表面积越大，黏合力越强。

（6）开始无空气焊接之前，先用一小段焊条穿过焊机，将焊头清理干净。

咨询供应商最符合维修厂要求的工具和材料品牌，一定要仔细阅读和遵循厂家的说明。

当焊缝影响美观或对安装有妨碍时，还要对其进行修整和打磨。当需要修整的量较大时，可用磋削并结合粗、细砂纸打磨的方法进行修正。

为了确保车身塑料件的修补质量，实践中往往是将胶粘与焊接两种方法结合在一起进行，有时还需要于焊接前用两脚钉将塑料固定，以提高二者的结合强度。

5.1.3 塑料件的涂装技术

鉴于车身塑料件与金属构件的喷漆方法基本相同，这里仅对涂料的选择和塑料件涂装前的处理方法作简要介绍。

一、塑料涂装的涂料选择

各种塑料制品在制作过程中的选料不同，涂装时的涂料选择也根据塑料底材的性质和其对涂层性能的要求而定。如聚苯乙烯、聚碳酸酯塑料的耐溶剂性较差，不宜使用溶剂溶解性强、干燥较慢的涂料。热固性塑料不存在溶剂的溶蚀问题，适合它们的涂料品种较多。

对塑料制品的选择可根据其使用环境要求而定。如分为室内用和室外用两大类，室内塑料制品的涂料选择应侧重于它们的装饰效果，一般可选择醇酸涂料、丙烯酸涂料、丙烯酸硝基涂料；而室外塑料制品则有良好的耐久性，适合使用的涂料品种有双组分丙烯酸涂料等。在为塑料制品的表面涂装选择涂料时，应考虑施工场所、施工方法和施工条件等，必要时可选择抗划伤涂料、导电涂料、防静电涂料等。

二、塑料制品涂装的施工

汽车用塑料的种类较多，用途广泛，在涂装修复中，涂料的选择与施工方法的应用将决定着修复层的质量。

大多数的软性塑料制品的涂装需在底漆中加入柔软剂（均应与面漆配套），以保证涂层柔

软,不会产生开裂的现象。塑料制品的涂装施工,在喷涂前均应与制品表面进行表面预处理,其修复工艺流程为整形修理→清洁→表面粗化→除静电→喷涂底漆→打磨底漆→喷涂面漆。

1. 塑料件表面的预处理

塑料制品在喷涂前,必须进行表面预处理,其质量直接影响修补质量。表面预处理有下列几种方法:

(1) 溶剂清洗法。用涂料供应商提供的专门溶剂是最方便的方法;也可以用三氯乙烷采用喷、刷等方法对塑料制品表面进行处理,此方法对有机物的清除效果较好,但易造成环境污染,使用时必须注意。

(2) 打磨处理法。用手工或机械的方法对塑料制品的表面进行打磨粗化,达到增强涂层与底材附着力的作用。该方法简单通用,但粉尘污染较大。

另外,还有化学处理法、表面活性剂处理法、等离子处理法及红外线照射法等。由于这些方法一般不在汽车修补涂装时应用,因此不在此赘述。

在以上任何一种处理后,均应对表面进行除静电,可以用一块布蘸专用塑料除静电液擦拭,用另一块布进行清洁。

2. 塑料件的喷涂工艺

1) 车内外硬塑料制品的涂装

硬塑料件的喷涂大多数不需要使用底漆或中涂漆,应选用的底色漆为丙烯酸涂料或聚氨酯涂料;特殊塑料的喷涂需使用底漆和中涂漆,应与面漆配套。切记不可使用磷化涂料、自蚀底漆、金属处理剂和柔软剂。

汽车外用硬塑料制品的喷涂施工方法:清洁塑料件,用脱脂剂擦拭干净待修补区域(如有损坏需用腻子修补平整),修补区域用P400砂纸粗化表面,修补区与旧涂层接口部位用P600以上细砂纸打磨粗化,完工后将表面擦拭干净,喷涂面漆。

汽车内用硬塑料制品的喷涂施工方法:先确定塑料制品所用材料的质地,如其制品为硬质或刚性的ABS塑料,施工时不宜使用底漆、中涂漆等,适合的涂料品种应用热塑性丙烯酸涂料;然后清洁表面,修补区域用P400砂纸打磨粗化,与旧涂层接口部位用P600以上的细砂纸打磨或醋蜡擦拭(制品如有损坏应用腻子修补平整);用脱脂剂擦清表面,最后喷涂面漆。

2) 汽车内外软塑料制品的喷涂

软塑料涂装难度较大,比如聚丙烯塑料制品就是一种难粘、难涂的材料。施工方法如下:

先用中性洗洁剂清洗需修补的部位,再用清水清洗干净,并打磨修补区域,干燥后用脱脂剂脱脂。如有小面积损坏,则用合适的腻子按照供应商要求填补,用P320砂纸打磨,再用P400~P600砂纸平整,脱脂。注意不能水磨腻子。

然后进行底漆的喷涂。喷涂塑料底漆,若塑料底漆是无填充性的底漆,建议再喷涂一次中涂底漆以填平划痕、砂眼、针孔等细小缺陷。干燥后用P400~P500砂纸进行干磨整平表面。

最后进行面漆的喷涂。严格按照供应商要求进行喷涂调配后再进行喷漆,必要时加入柔软剂。

三、塑料表面涂装的注意事项

由于塑料本身具有优良的防腐能力,故在涂装施工中不需要对塑料产品进行表面的防腐处理。目前使用于汽车制造业的塑料制品中,绝大多数塑料有100 ℃以上的高温下易变形、漆膜的附着力差、受到溶剂的侵蚀会软化或龟裂等特点,而且各种塑料制品的用材不同,特性各异，因此，塑料制品的涂装与金属表面的涂装有较大差异。在涂装中应注意以下几个方面：

（1）塑料的选择应符合塑料制品的特性与质地。

（2）在汽车维修业中，如需对塑料制品进行修复，容易拆卸下的部件最好拆下后再涂装，否则一定要把周围的部件用汽车专用罩纸遮盖后再涂装。

（3）在修补涂料中根据塑料的柔软程度加入柔性添加剂，而添加柔性添加剂的面漆不宜抛光。

5.2 项目实施

 项目实施目标

- 识别汽车上常见的塑料件
- 能够用黏合剂维修塑料件上出现的较小的擦伤和缝痕
- 能够说出正确的塑料件的焊接维修顺序
- 能够对简单的塑料件进行喷涂
- 掌握塑料件修复与涂装中用到的工具设备
- 能够制定车身塑料件维修的工作计划和方案

 项目实施条件

- 宽敞明亮的车间（有通风装置和气源、电源）
- 操作台（带软垫）
- 热风枪
- 电砂轮
- 砂纸、塑料焊条、双组分胶等
- 受损塑料件（保险杠等）
- 安全防护用品

 项目实施步骤

- 将部件清洗干净
- 恢复部件原形
- 焊接裂口两侧制作坡口
- 塑料焊枪焊接或粘接
- 打磨、修整

5.2.1 任务一：塑料件的整形

（1）将受损部件清洗干净，查看受损情况和材料构成。

图 5-3 热风枪处理受损部位

(2) 把受损件放置于铺有绒毯的操作台上,选用大口径热风枪或红外烤灯对受损位置进行加温(图 5-3),加温均匀且温度不多于 60 ℃。

(3) 一手固定未变形区域,另一只手持木板、垫铁等从变形区背面推压矫正,直至恢复原形。自然冷却或强制冷却后效果如不好,可重复加热整形。

(4) 待冷却后对小的凹坑变形进行局部加温挤压整平,用手抚摸与标准一致即可。

注意:整形过程不要损坏未受损部位。

5.2.2 任务二:塑料件的粘接与焊接

汽车用塑料件主要分热固性、热塑性,热塑性塑料件可以焊接也可以粘接,热固性塑料件只能粘接。下面先说明热塑性塑料件的焊接:

(1) 把受损部件清洗干净后放置于铺有绒毯的操作台上,如图 5-4 所示。

(2) 如裂口、变形共同存在,需先修复变形,直至裂口接合、对平。

(3) 用砂轮等将裂口两侧做出坡口(图 5-5),坡口深小于部件厚度的 1/2。

图 5-4 塑料件受损的部位

图 5-5 打坡口

(4) 裂口对齐、接合,用夹具固定,选用小口径热风枪或专用塑料焊枪加热坡口一端,焊枪口距离焊口 15 mm 左右,将要熔化时把焊条(端部做出坡形)垂直于工作面慢慢压入坡口,焊枪与工作面倾斜 35°向手握方向随着焊条慢慢移动,加热焊接从坡口底部开始,直至焊条充满整个坡口,焊完熔断焊条,如图 5-6 所示。

(5) 除去夹具,先用铲刀削去多余的焊料,再用砂轮机、砂纸打磨机磨平。若部件承重较大需两面焊接,则先焊接背面,如图 5-7 所示。

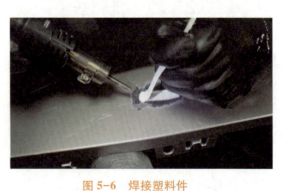

图 5-6 焊接塑料件

对于热固性的塑料件的粘接:

(1) 把受损部件清洗干净,吹掉水分、灰尘后放置铺有绒毯的操作台上。如裂口、变形共同存在,则先修复变形;如碎成多块,则要拼成原形。

（2）在裂口两侧喷助粘剂，一侧裂口涂抹适量双组分胶黏剂，如图 5-8 所示。

图 5-7 用热风枪焊塑料受损件背面

图 5-8 喷涂双组分胶黏剂

（3）裂开两侧对齐按压至接合完好，或用夹具夹好，可用热风机加热促进干燥。
（4）胶黏剂干燥后将裂口背面用砂纸打磨（图 5-9）并清洁干净。
（5）喷涂助粘剂后涂抹一层胶黏剂，取大小适当的粗孔纤维布覆盖胶黏剂上按压贴合，然后再涂一层胶黏剂，如图 5-10 所示。

图 5-9 砂纸打磨裂口背面

图 5-10 贴纤维布胶粘

（6）在受损部位前部打磨后，均匀涂抹双组分胶黏剂（图 5-11），要覆盖所有裂痕。
（7）待胶黏完全干燥后对维修部位进行打磨，如图 5-12 所示。

图 5-11 受损部位前部涂抹胶黏剂

图 5-12 胶黏剂干燥后的打磨

5.2.3 任务三：塑料件的涂装

塑料件表面附着力较强，一般无须喷涂底漆，若需要喷涂，则需喷涂专用底漆或先喷塑料底漆再喷其他底漆，如图 5-13 所示。

修复后塑料件中间层的处理与金属件大体相同，面漆施工时，要在涂料里加入柔软剂（图5-14），但添加柔软剂的面漆不可抛光。

图5-13　喷涂塑料底漆

图5-14　加柔软剂喷涂

5.2.4　拓展知识：铝件的修复与涂装

铝金属因质量较轻，故广泛用于发动机及轮毂。现在汽车车身铝件主要是前盖、门板、翼子板等，为了增加强度，在金属铝中加入了镁、硅等元素。铝的硬度、熔点比钢低，在修复、加热时都需十分小心。铝制车身板件比钢制板件要厚，损坏后受加工硬化的影响修理起来会更难，因此铝板件受损后一般做更换处理。但有时为降低维修成本，损坏较轻的铝板件还是要修复的。

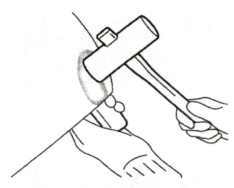

由于铝板件的强度不如钢板，在修理时尽量不要使用整修钢板的工具，要使用硬度较低的铝板修复专用工具，如橡胶锤、木槌及木垫铁等，防止铝板件过度拉伸，如图5-15所示。

修复铝板件的方法与修复钢板大体相同，需注意的有以下几点：

（1）铝板件受损变形不容易恢复原有尺寸，用铁锤和垫铁进行整平时，铁锤在垫铁上要试探着轻轻敲击并分多次敲击完成，如图5-16所示。尽量采用铁锤不敲在垫铁上的错位敲击法（虚敲）。选用的铁锤、垫铁要光滑或有镀铬层，防止

图5-15　木槌敲击铝钣金件

铁削、铁渣镶入铝板造成腐蚀。

（2）铝板件变形收缩时，焊炬加热要用热敏笔等控制，火焰调成碳化焰，温度不要超过400℃，以防铝板件塌陷、熔穿；冷却要慢一些，以免变形，如图5-17所示。

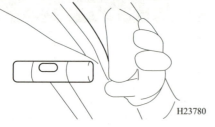

图5-16　用铁锤和垫铁整平铝件

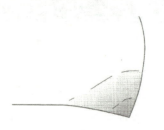

图5-17　铝件收缩变形

（3）铝板件的韧性较低，修复敲击部位容易形成加工硬化，要通过经常加热的方法来消除其内部的应力。

（4）铝板件打磨时产生的热量能使铝板变形弯曲，打磨几次后要用湿抹布冷却铝板。铝板件打磨只能将油漆和中间涂层去除，不能切割金属。

（5）铝的焊接性能较差，铝板件破裂后一般不能焊接，只能铆接。

（6）用普通方法不好修复部位可以使用铝钣金修复机，如图 5-18 所示。铝板件修复机在使用上与钢板件修复机的不同之处主要是：在铝板件上焊接拉钉要先清除铝板上的氧化膜，清除氧化膜后短时间内实施焊接；铝板件修复机的焊钉要垂直于铝板并且不能重复使用；对焊钉的拉拔要渐渐施力并配合锤子敲击周围折损处。

铝板件的涂装与钢板件涂装的不同主要是铝板的易氧化性，氧化后的氧化膜具有优良的防腐性，因此铝件涂装无须喷涂防腐底漆，但要喷涂环氧底漆后才可涂刮腻子。

图 5-18 铝钣金修复机

铝外形修复机修复的步骤如下：

（1）把需要焊接修复的铝板上的氧化层清除干净（图 5-19），否则焊接不牢固。清洁后应该马上焊接，时间长了表面会重新氧化，超过 2 h 则需要重新清除氧化层。

（2）把焊钉安装在焊枪上（图 5-20），接通铝焊机的电源，调整合适的电流大小。

图 5-19 清除焊接部位的氧化层

图 5-20 把焊钉安装在焊枪上

（3）把焊钉用一定力压在板件上（不能太大或太小），焊钉要与板件接触面垂直，如图 5-21 所示。按压焊枪的启动开关，焊钉通电后会焊接在铝板上，如图 5-22 所示。

（4）把拉伸连接件拧到焊钉的螺纹上，如图 5-23 所示。

（5）通过拉伸连接件对板件凹陷处进行拉伸操作，如图 5-24 所示。动作要轻柔，力量要慢慢加大，防止局部变形过大，拉伸同时可以用钣金锤对拉伸部位进行敲击整形。

（6）拉伸完毕后，用尖嘴钳清除焊接在表面的焊钉，如图 5-25 所示。

（7）焊接部位用锉或打磨机打磨平整（图 5-26）。铝板处理后不用单独的防腐处理，因为铝板会马上形成氧化膜而阻止进一步的氧化。

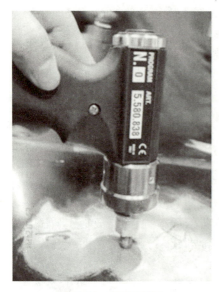

图 5-21 焊接铝焊钉

图 5-22 焊接在铝板上的铝焊钉

图 5-23 连接拉伸连接件

图 5-24 对凹陷进行拉伸修整

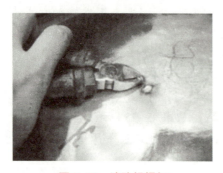

图 5-25 清除铝焊钉

图 5-26 打磨修平维修部位

项目五 塑料件的修复与涂装

5.2.5 拓展知识：板件轻微损伤的修复

前面介绍的板件修复方法主要采用敲击整形修复和焊接介子整形修复操作，这两种方法都是修整板件比较大的损伤，但会对金属的漆面产生损伤，在后面的修复工序中还要进行新的涂装工艺。如果金属板件的损伤较小，则可以使用不损伤漆面的修复方法来修复板件，不但可以节省大量的时间和劳动，同时还可以避免重新喷漆所带来的配色问题。一般常用的方法有粘接法修复和微钣金修复。

一、粘接法修复板件微小变形

不损伤漆面的钣金修复的原理是使用粘接的方法把介子（衬垫）固定在变形的部位（而不是用电极焊接介子的方式），通过衬垫粘接在变形区域进行拉伸矫正，最后通过溶剂把黏合剂去掉，变形区域的变形被修复但是表层的油漆不会受到损伤。图5-27所示为一种专用的微钣金修复工具。

图5-27 微钣金修复工具

不损伤漆面钣金修复的步骤如下：

（1）车身板件由于轻微碰撞产生小的凹陷，如图5-28所示。

（2）使用稀释剂清洁车身损伤表面和准备使用的衬垫（图5-29）。可以使用丙烯酸合成的或磷酸稀释剂，不要使用清洁稀释剂。

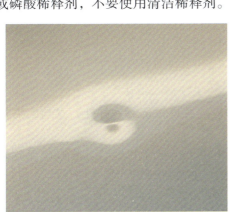

图5-28 受到轻微损伤的板件

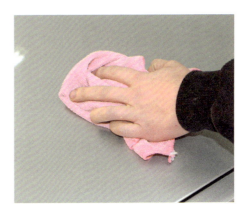

图5-29 对修复部位进行清洁

（3）不要再次污染衬垫和板件变形表面，保证胶能够很好地进行粘合。

（4）使用一个中型的、毛毡尖笔在需要拉拔的碰撞点作标记，这个点设置到变形最深的部分，然后按图5-30所示画四条线。

（5）将胶枪的电源接通，将胶棒插到枪里并等上4~5min，胶加热变成液体状后才能使用。

（6）在衬垫上滴上足够的胶（图5-31），以填平变形的凹陷部分。

（7）选择最合适的衬垫，直径与变形的直径相似。把胶均匀地涂到衬垫上，将衬垫放

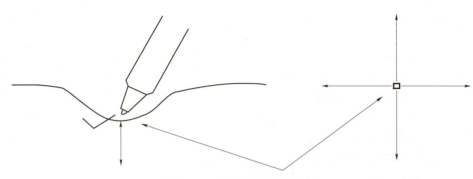

图 5-30 对变形区域进行标记

到碰撞点（图 5-32），胶只要能填平变形部位即可，不能太多。

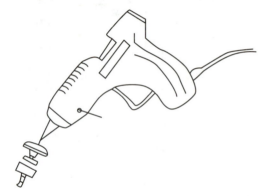

图 5-31 在胶垫上涂胶

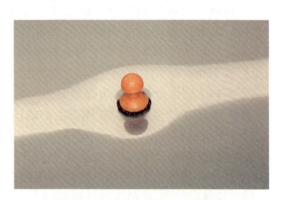

图 5-32 把衬垫粘接在变形部位

（8）影响修复效果的主要有以下几点：

① 衬垫要准确地粘接在变形部位的中心。

② 胶的表面不能超过碰撞变形部位的直径。

③ 胶的厚度必须填平变形的凹陷部位。一定厚度的胶可以依靠其弹性，参与凹痕拉拔的过程。

（9）在变形部位粘接好衬垫后，不要用力向下压衬垫，要等上 2~3 min 以确保胶硬化成固体。如有需要，则使用喷气机或冷却液进行冷却。如果室温高，胶水固化的过程会慢；如果室温低，胶会固化的很快。

（10）衬垫上的胶固化后就可以对变形部位进行拉拔了。

（11）将衬垫拉拔装置装到拉伸枪上，面向外。根据碰撞直径和工作表面的形状调节拉伸枪上的剪刀形基座。在衬垫和基座间留出 2~3 mm 的自由空间。在衬垫四周使用衬垫拉拔装置，在拉伸枪的控制杆上施加合适的压力。如果表面允许，围绕衬垫旋转拉伸枪，以分散拉拔力的作用。拉拔力必须垂直作用于工作表面，如图 5-33 所示。

（12）一旦拉拔完成，使用同样的稀释剂取下衬垫，如图 5-34 所示。在衬垫周围滴几滴稀释剂，使用塑料刮刀的边缘取下胶。使用同样的方法取下衬垫上的胶，对修复表面进行抛光处理后即得到完好的表面，如图 5-35 所示。

项目五 塑料件的修复与涂装

图 5-33 使用拉伸枪对变形部位进行拉伸

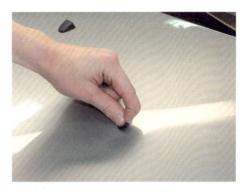

图 5-34 取下衬垫

二、微钣金修复

除了使用胶粘的方式，传统的方式可以使用微钣金工具来修复，常用的工具有撬镐、微钣金锤（图 5-36）、小凹陷顶出器等，有些甚至是自做工具。

图 5-35 修复好的板件

图 5-36 微钣金用的撬镐

使用这些工具对凹陷进行修复时的操作步骤如下：

（1）车身外部板件在受到比较小的力量的冲击时，会产生一些微小的凹痕，影响车辆的美观，用笔在微小凹痕部位作出标记，如图 5-37 所示。

（2）在凹陷部位做好标记，把灯光放在需要修复的部位旁边，通过灯光的照射可以仔细地观察凹陷部位在修复过程中的变化，以便及时调整维修操作，如图 5-38 所示。

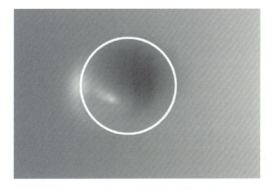

图 5-37 标记出来的微小凹痕

图 5-38 在维修部位安装照明灯

（3）对微小凹痕进行修复用的工具与常规的钣金工具不同，由于修复时的力量要小、轻柔，所以工具也要小、精致。

（4）把微钣金撬镐深入板件凹痕的后面，在板件后找到凹痕部位进行轻柔的顶压，如图5-39所示。在操作时用力要均匀、细小、轻柔，不要一次用力太大，防止产生大的变形，使修复失败。

图5-39　撬镐从板件内部深入轻柔撬动凹陷部位

（5）用微钣金锤轻敲凹陷部位，动作要轻柔，不要损伤漆面，如图5-40所示。

（6）在修复好的凹陷部位的油漆表面可能有细微的磨损，在修复部位放一些研磨膏，对此部位进行研磨抛光，如图5-41所示。

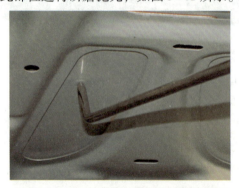

图5-40　用微钣金敲击工具敲击凹陷部位

图5-41　对修复部位进行研磨抛光

5.2.6　拓展知识：车身常见问题处理

1. 车膜起泡

车膜起泡（图5-42）的原因：膜本身有质量问题；在贴膜时技师不细心，没有把车玻璃缝的细小杂质清除干净。这时只要在刚起泡时用针将其弄破，再用布抹平即可，不可延误。

2. 车身去鸟粪

如果将车停在室外树下，很容易落下鸟粪，而鸟粪对车身的腐蚀性较强，要及时做出正确的清理。通常在车上备一些清洁液，用抹布沾上清洁液将鸟粪清除即可，如图5-43所示。

项目五 塑料件的修复与涂装

图 5-42　贴膜起泡

图 5-43　车身去鸟粪

3. 车身沾上油漆

车身尽量避免沾上油漆，因为沾上了油漆会比较麻烦，如果确实已经沾上了，可以使用好的香蕉水，用干净抹布沾上香蕉水对油漆做出处理，如果效果不好，则只有做抛光处理了，如图 5-44 所示。

图 5-44　去除油漆

4. 刮水器出水变小

由于汽车刮水器出水孔是暴露在外面的，汽车在行驶时直接面对灰尘和粉尘，因此时间一长就会形成堆积，更严重的是有些人很少使用刮水器的清洗功能，而在想到时再去按下刮水器，就会明显感觉到水很小（图5-45），这时只需找一个小小的铁丝或者牙签对着出水孔疏通几下就可以了。

图5-45　刮水器出水变小

5. 刮水器刮不干净

很多人会发现，车子开了一段时间后，刮水器刮不干净了（图5-46），遇到下雨天特别麻烦，换一个刮水器可还是用不长，没个几个月后又是老样子了。其实，不妨将刮水器上的刮水条拆下来，然后用细砂纸来回进行摩擦，将上面的那层褐黑色的污垢擦去，再用清水冲洗后装回，效果会很好。

图5-46　刮水器无法刮干净玻璃

6. 车门关闭和打开时有异响

车门关闭和打开时的异响多半来自车门和车身连接处，此时只需要在传动部位抹点润滑油即可，抹油时要试着关闭和打开车门来回反复几下，以便润滑油能顺利进入传动部件，如图5-47所示。

7. 冬天下车时经常触电

冬天由于天气干燥，很多车主，特别是穿针织衫的车友们在下车时经常会有静电产生，虽说静电不可怕，可发生时会让人感觉到很不适应。有的人选择在汽车的排气管上悬挂接地线，其实有一种方法也是很管用的，即下车时用车钥匙金属部位去触碰车门金属部件，让人体的静电释放掉，这样下车就不会产生静电了，如图 5-48 所示。

图 5-47　检查车门

图 5-48　防静电

8. 车身浅划痕修复

常开车的朋友都知道，车子开久了，总会出现各种各样的划痕，很多是无意间或无可避免造成的，划痕有轻、有重，但无论轻、重对于车主来说都比较心疼。为了爱车更加美观，必须对汽车漆面划痕修复一番才行，一些浅痕车主自己就可以修复。

用清水清洗划痕并晾干，然后将毛巾稍微打湿，并将牙膏涂在毛巾上，用力擦拭划痕，基本上只要稍微一擦拭，浅层的划痕以及一些刮擦残余的车漆痕迹都会被立即擦走，如图 5-49 所示。这种方法在处理与其他车辆刮擦时残留的对方车漆时，效果立竿见影，大部分都能擦得一干二净，但若划痕太深就不太好处理了。

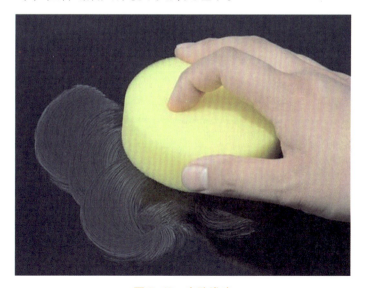

图 5-49　去除浅痕

参 考 文 献

[1] 李建军. 汽车钣金与涂装技术 [M]. 重庆：重庆大学出版社，2008.
[2] [美] James E Duffy. 汽车车身维修技术 [M]. 北京：高等教育出版社，2006.
[3] 谭本忠. 汽车涂装教程 [M]. 北京：机械工业出版社，2008.
[4] 马云贵. 汽车钣金教程 [M]. 北京：机械工业出版社，2008.
[5] 吴兴敏. 汽车车身修复与美容 [M]. 北京：机械工业出版社，2002.